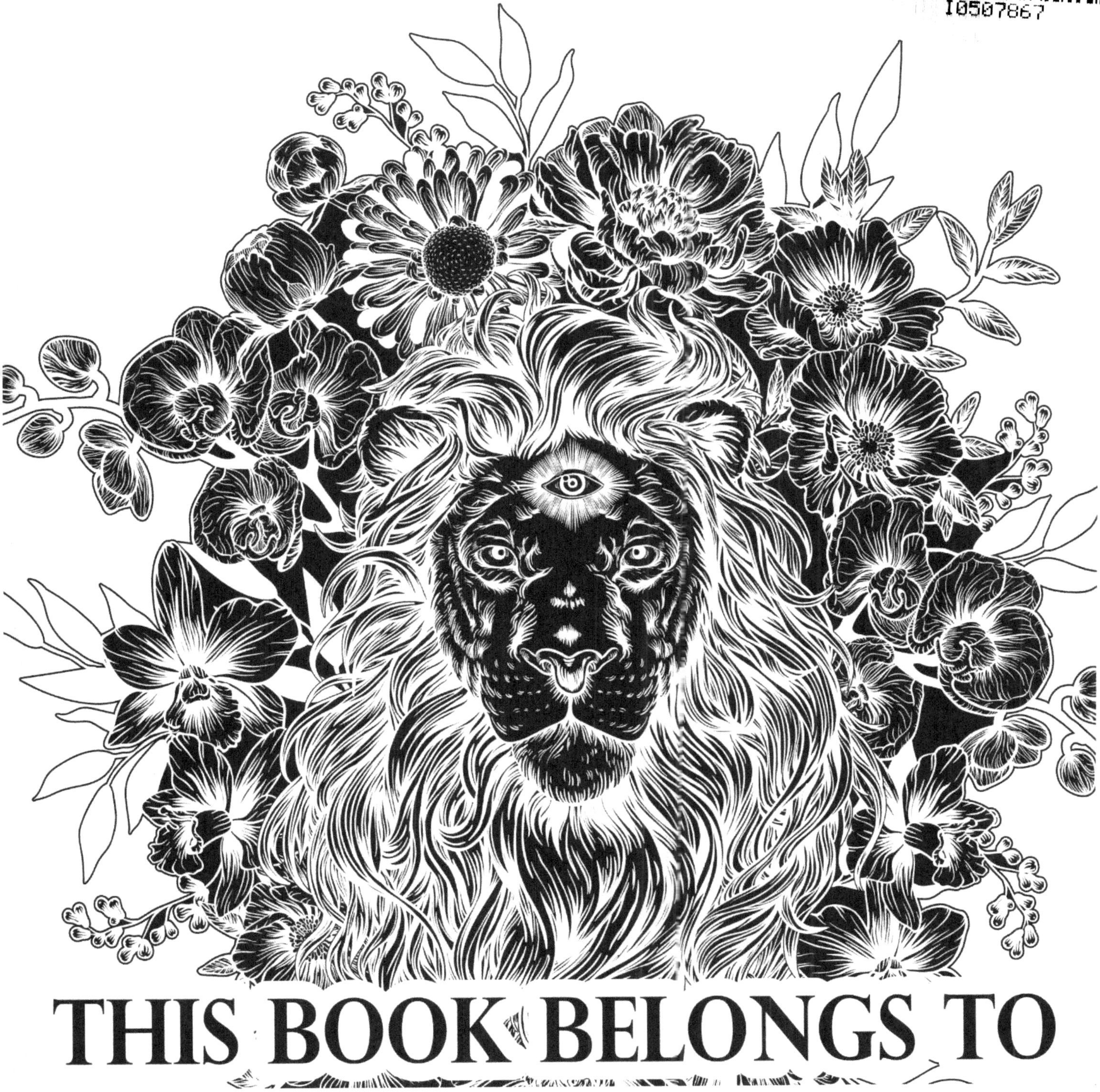

THIS BOOK BELONGS TO

____

____

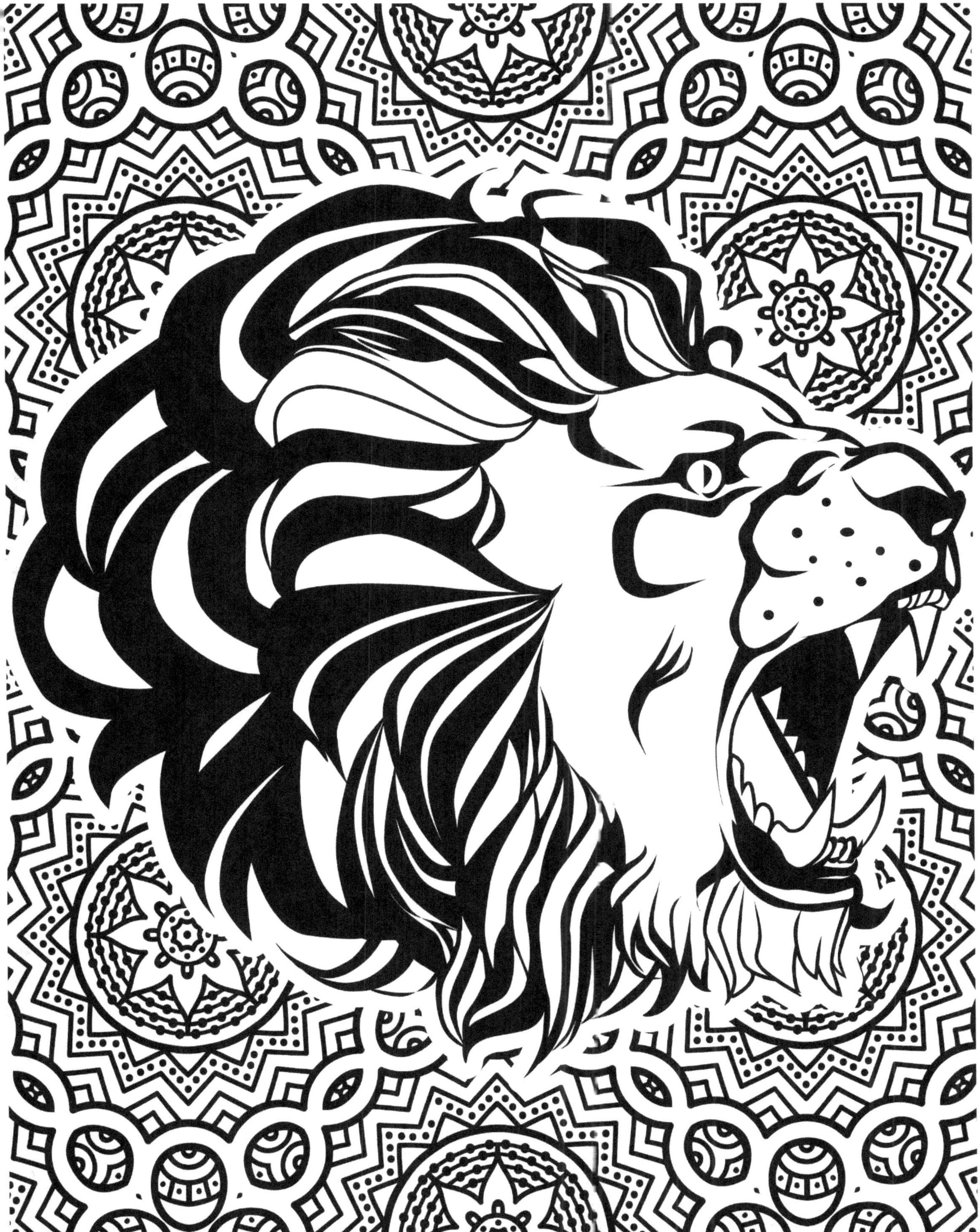

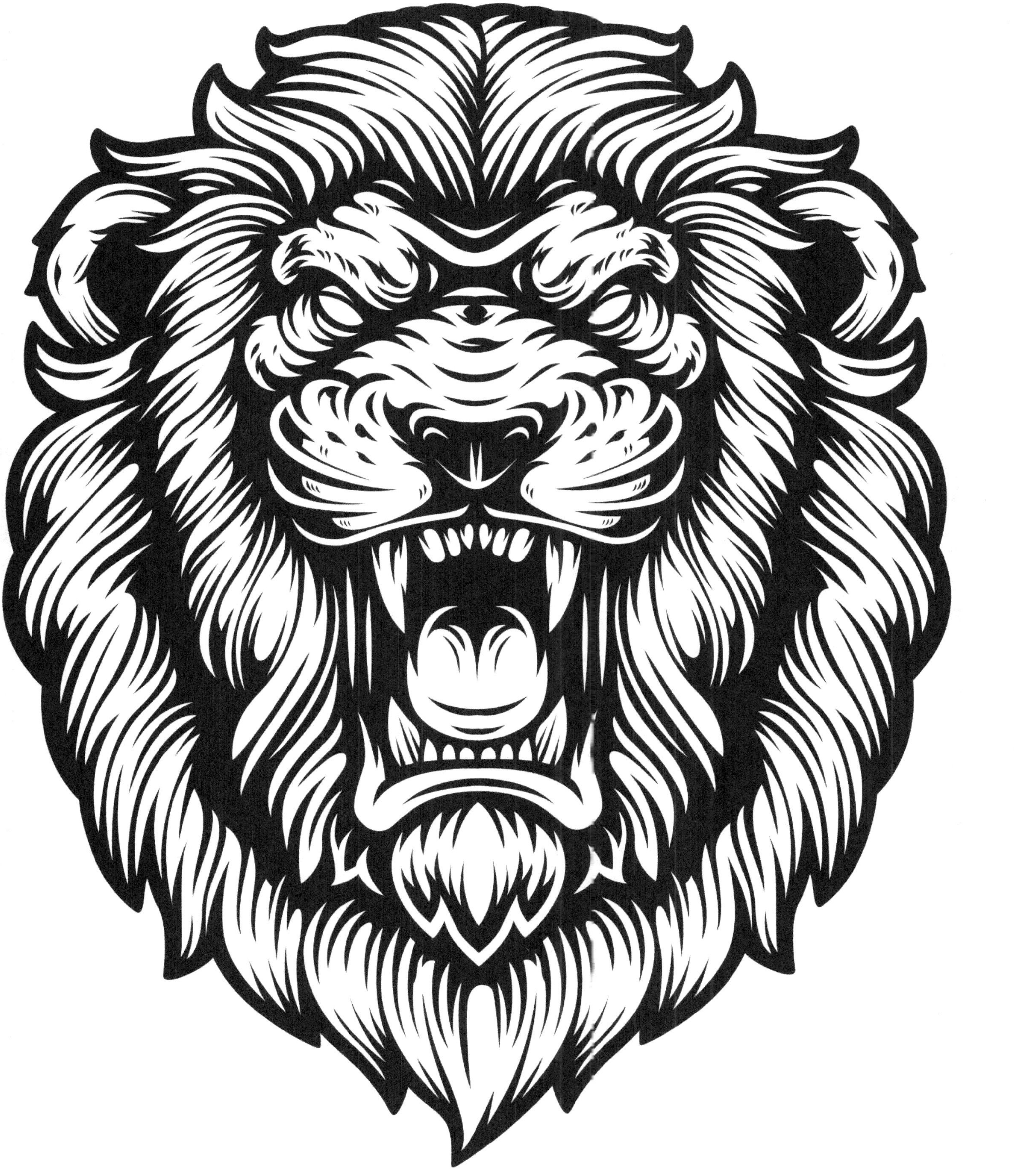

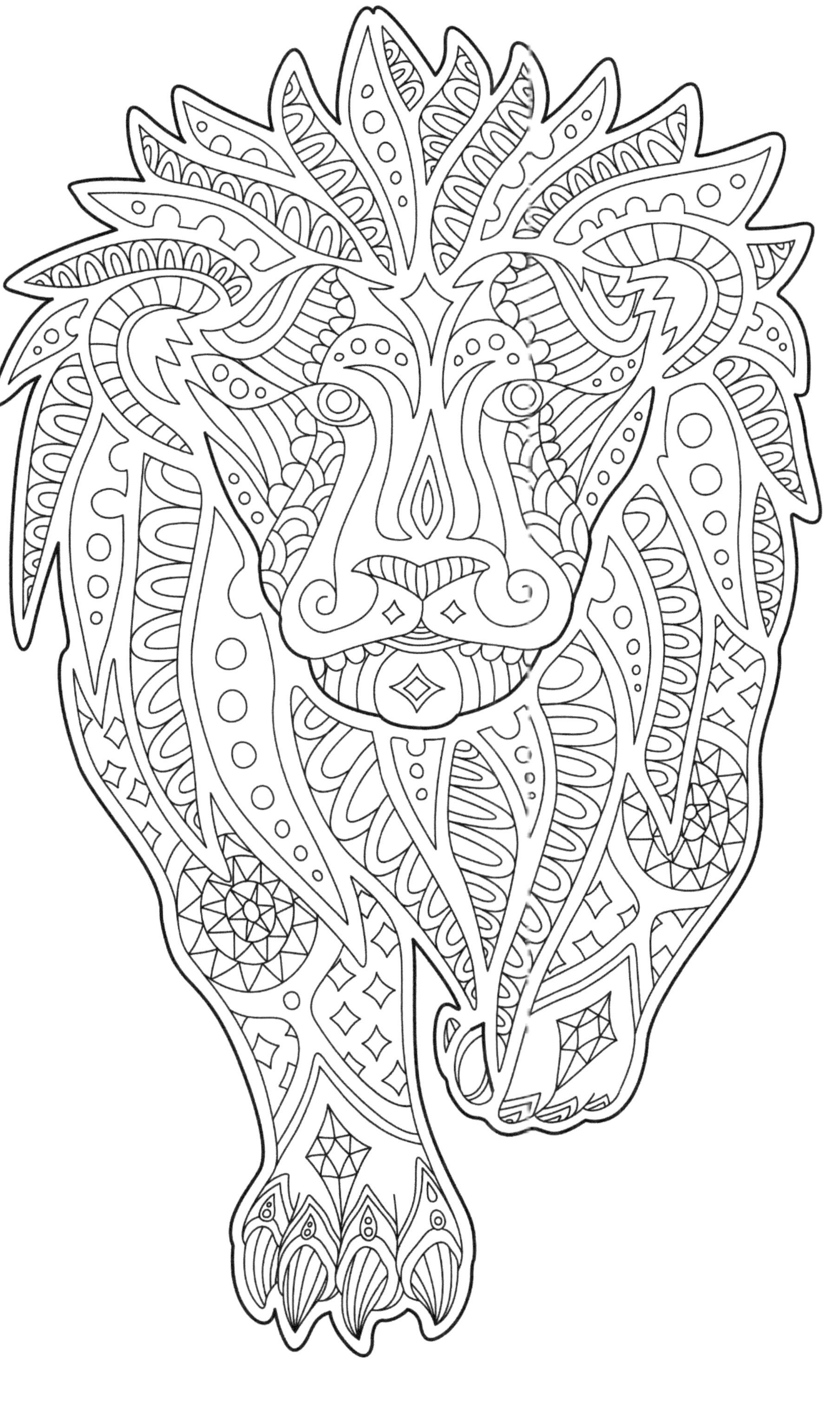

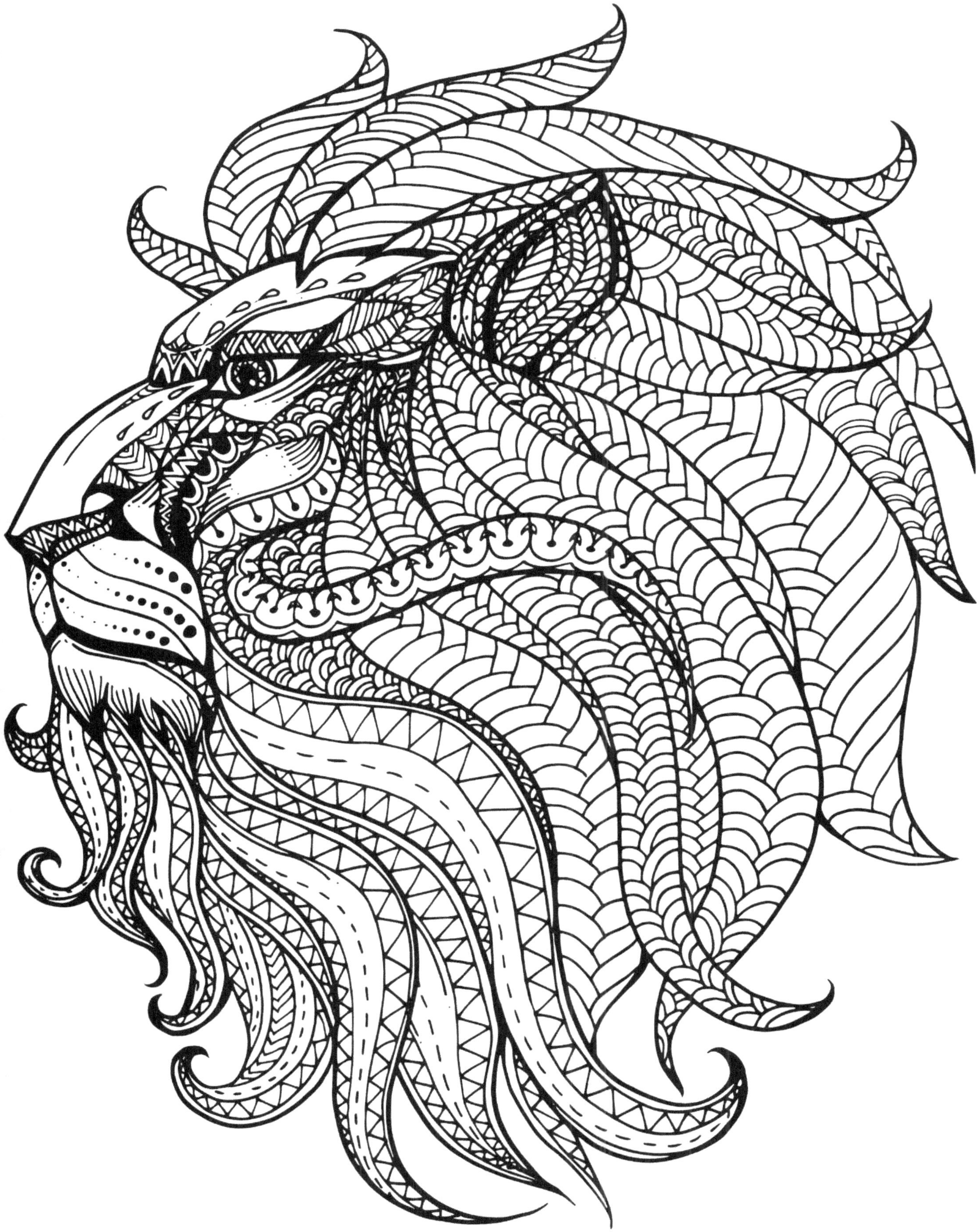

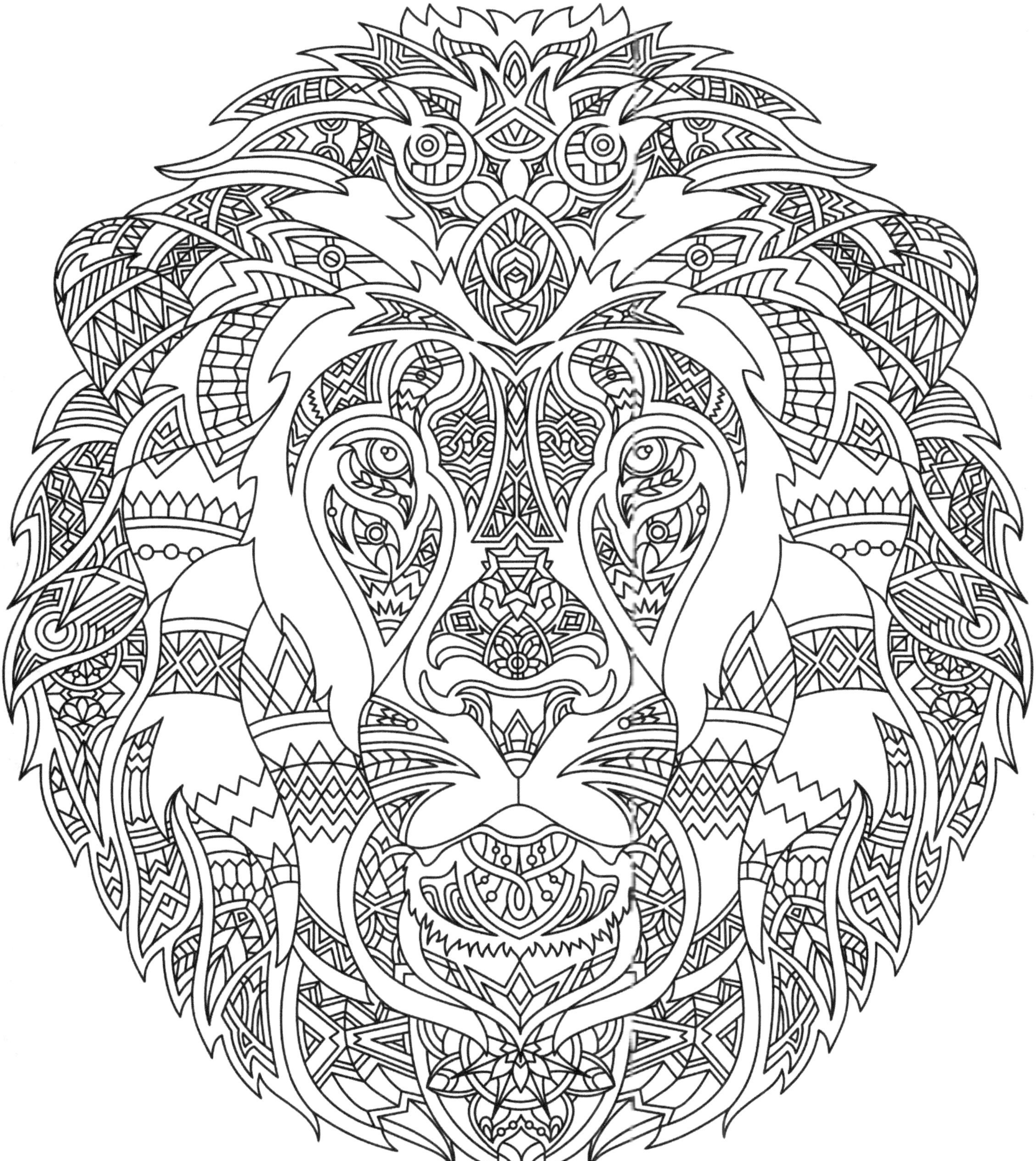

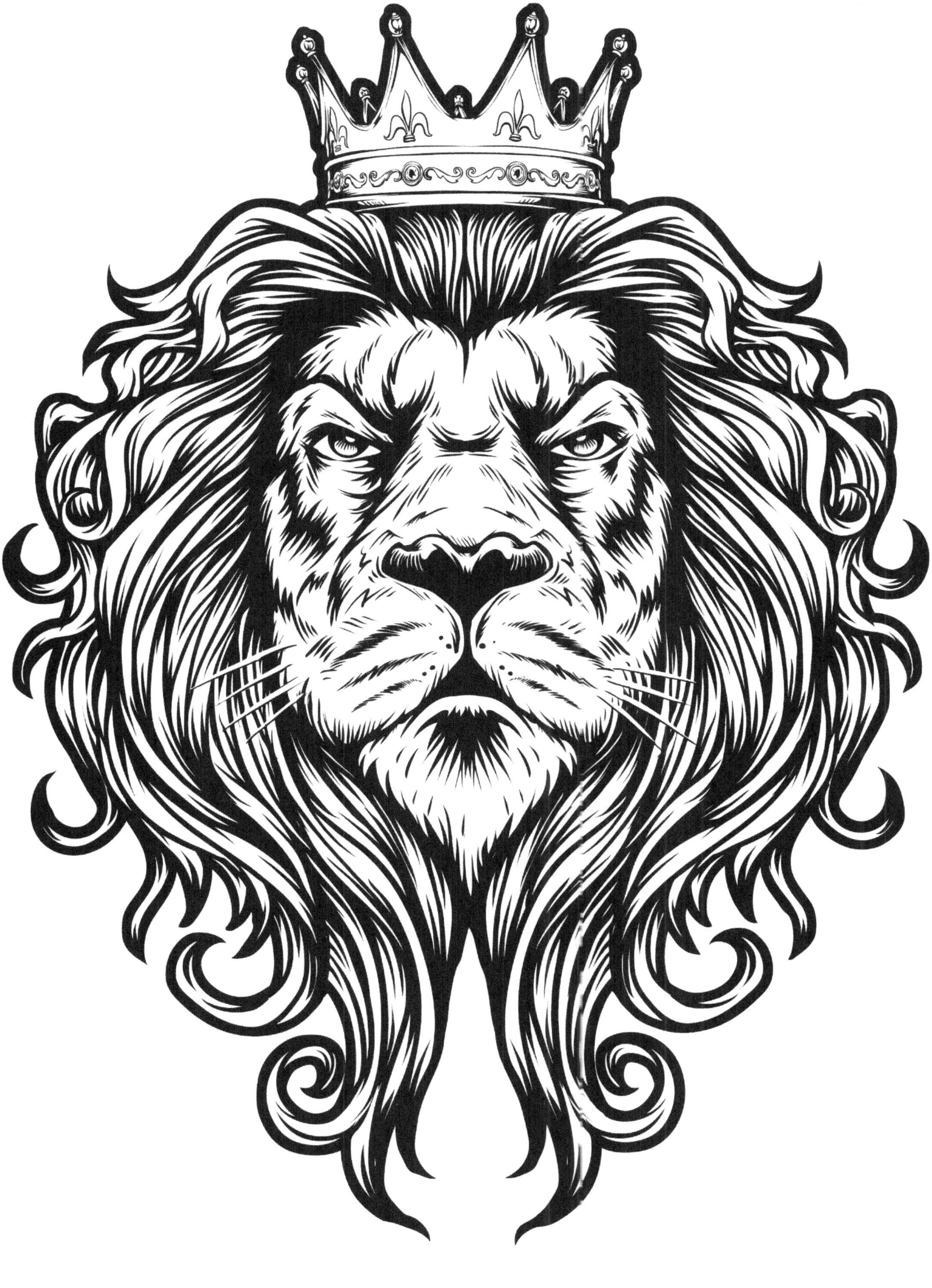

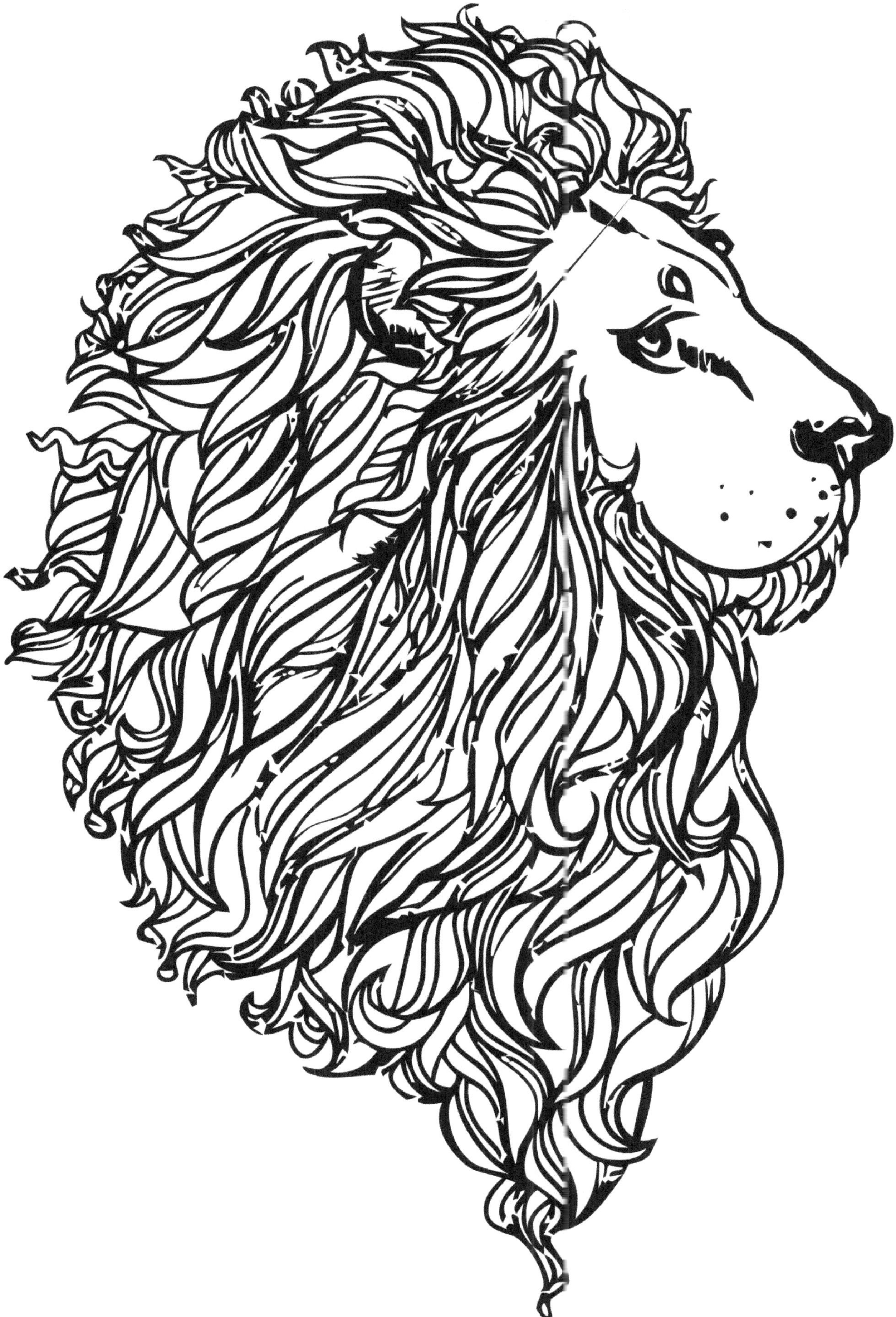

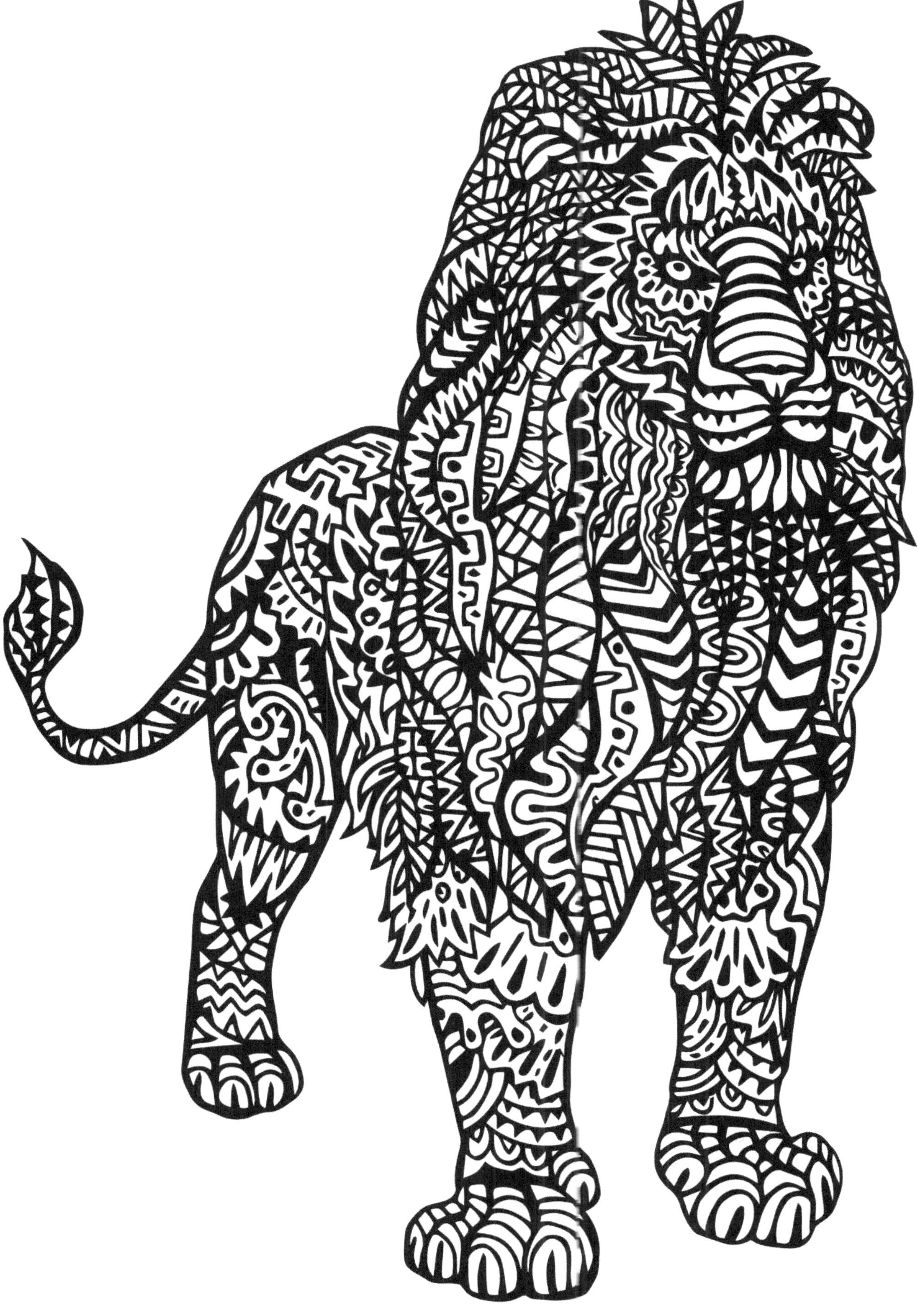

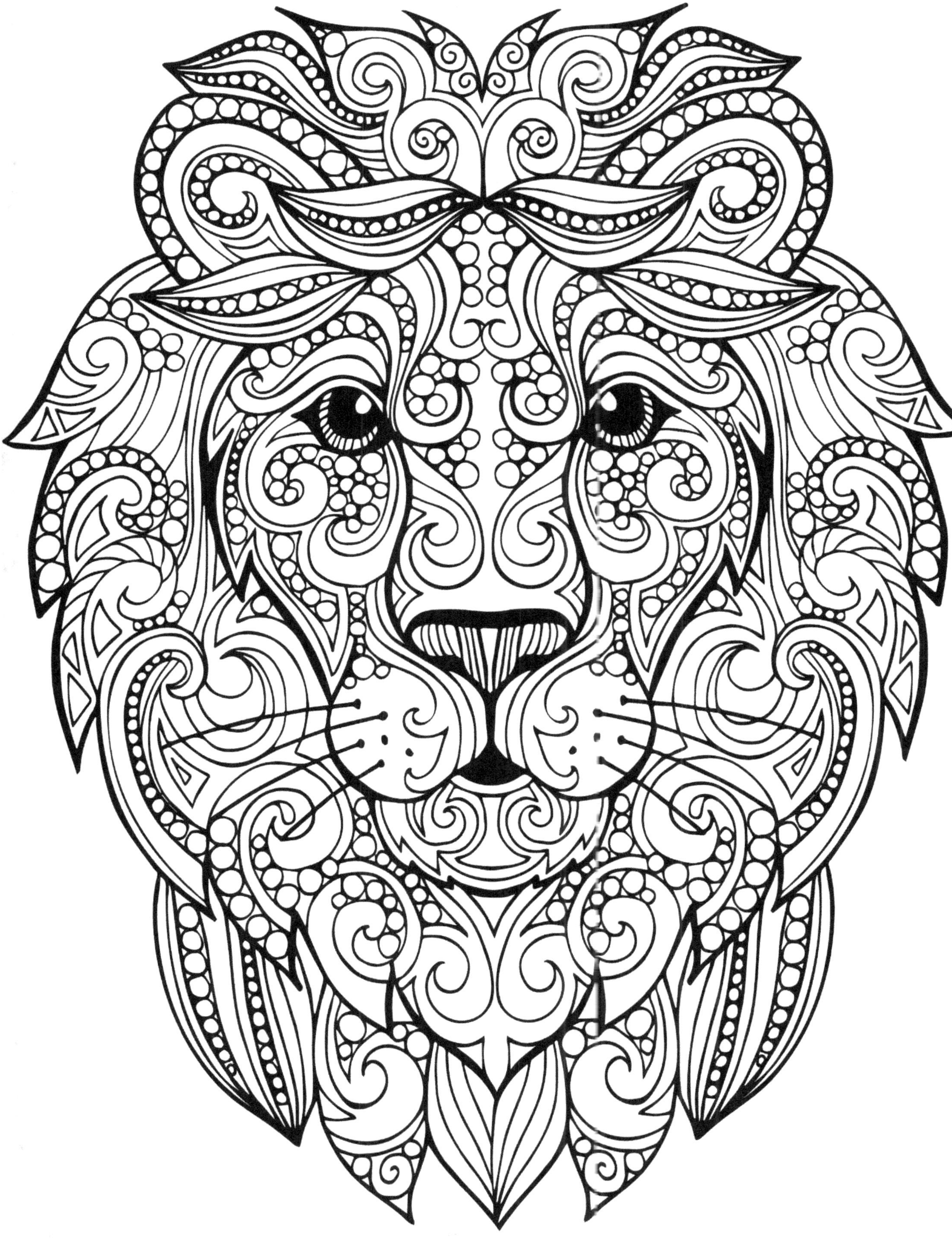

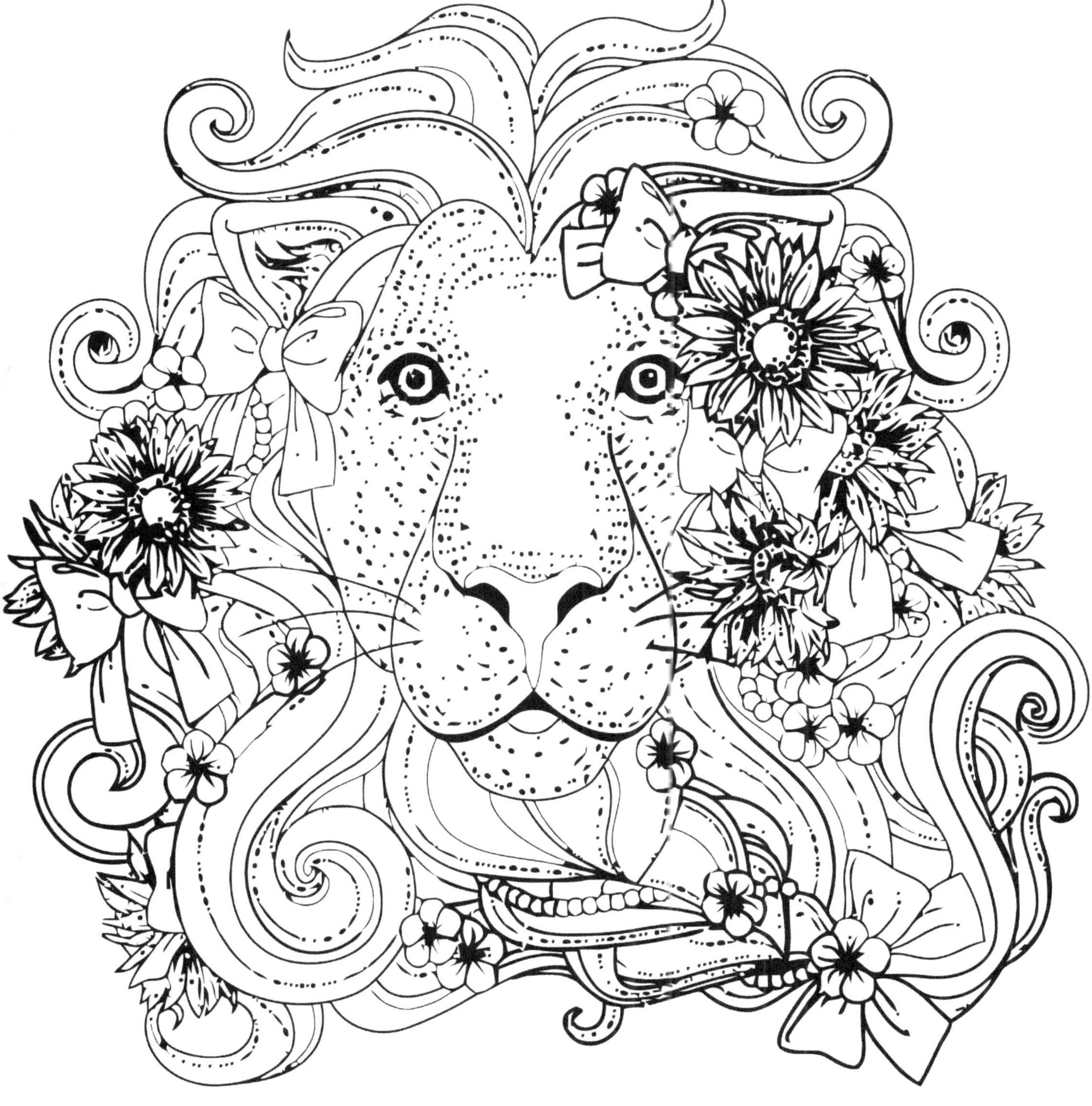

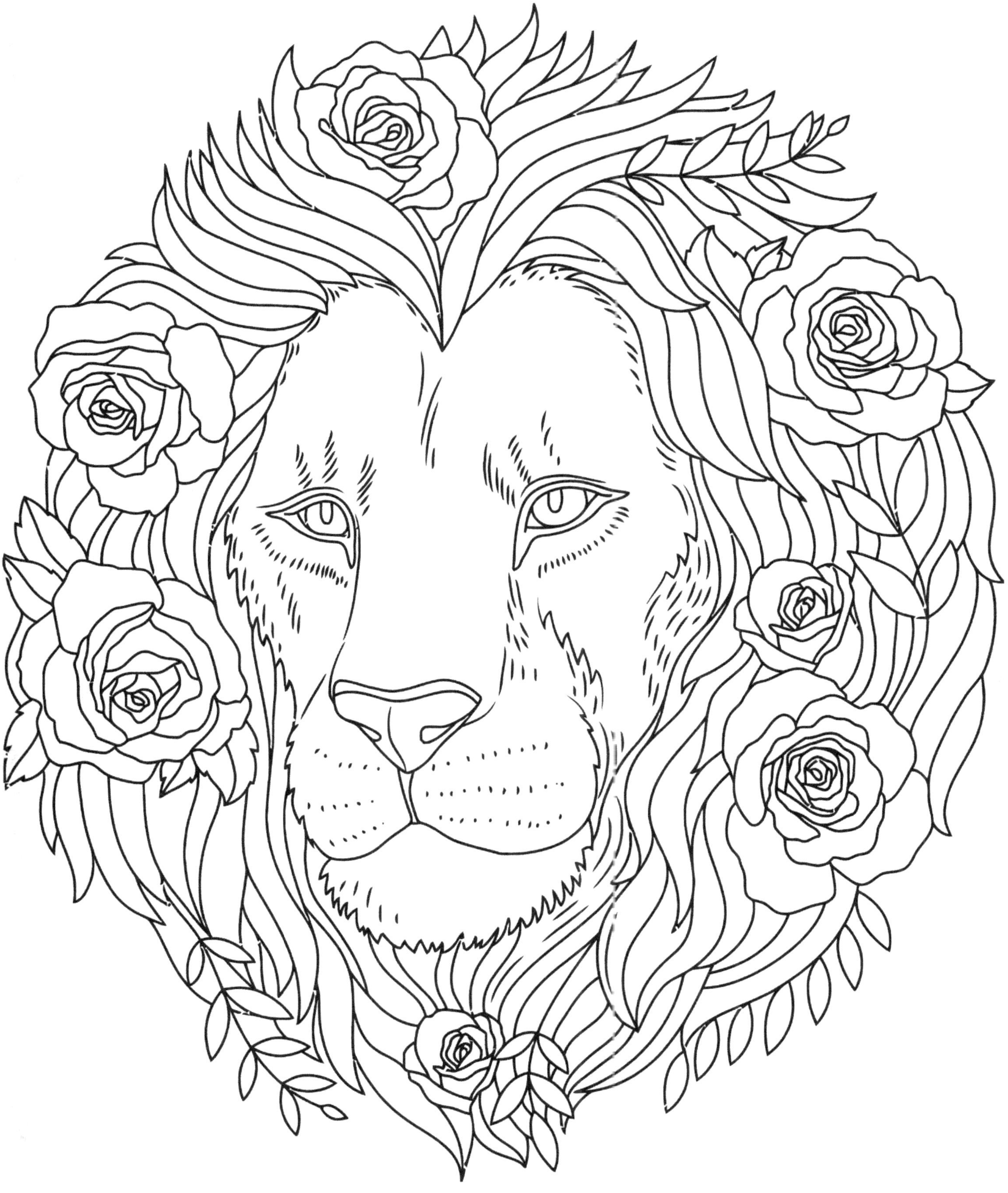

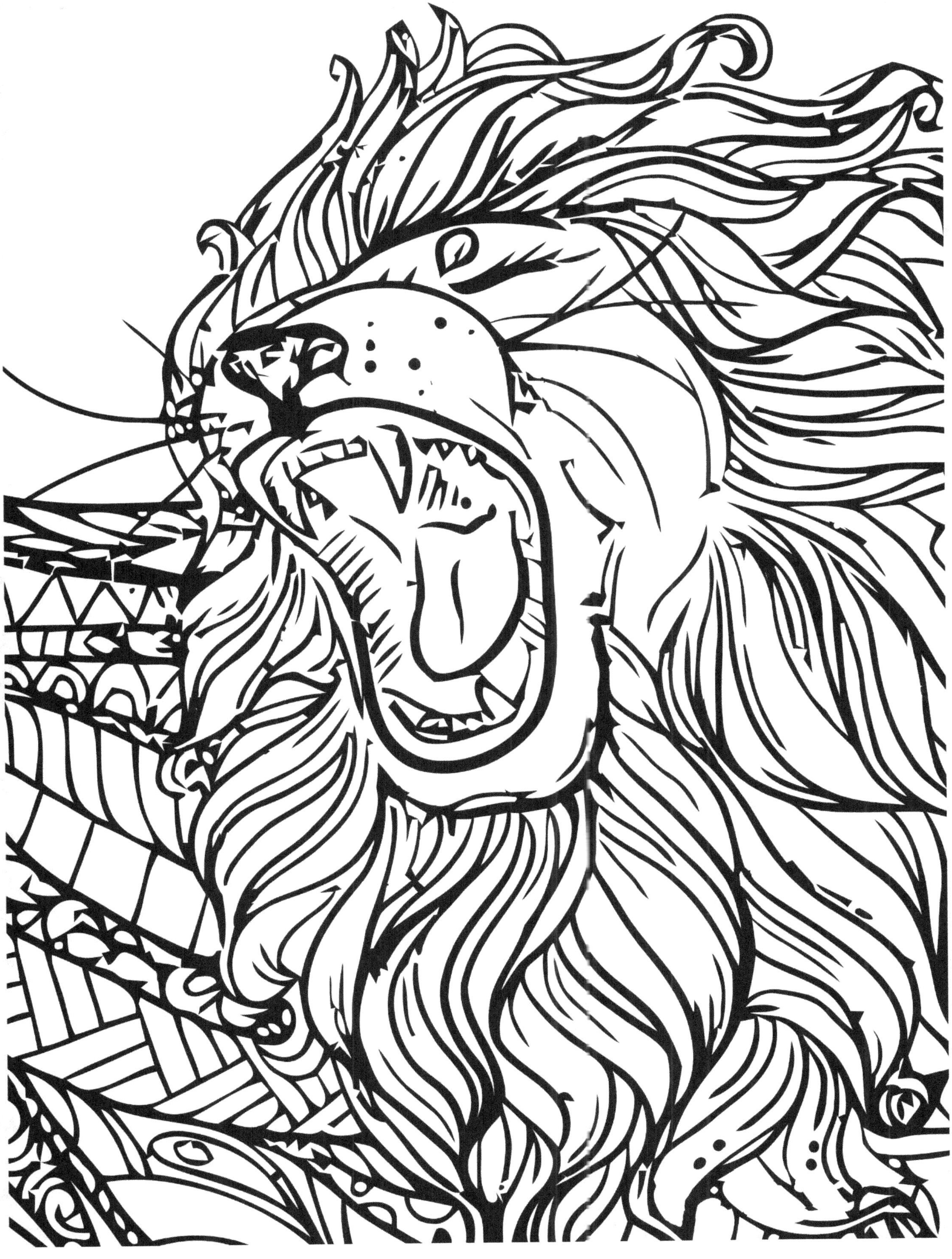

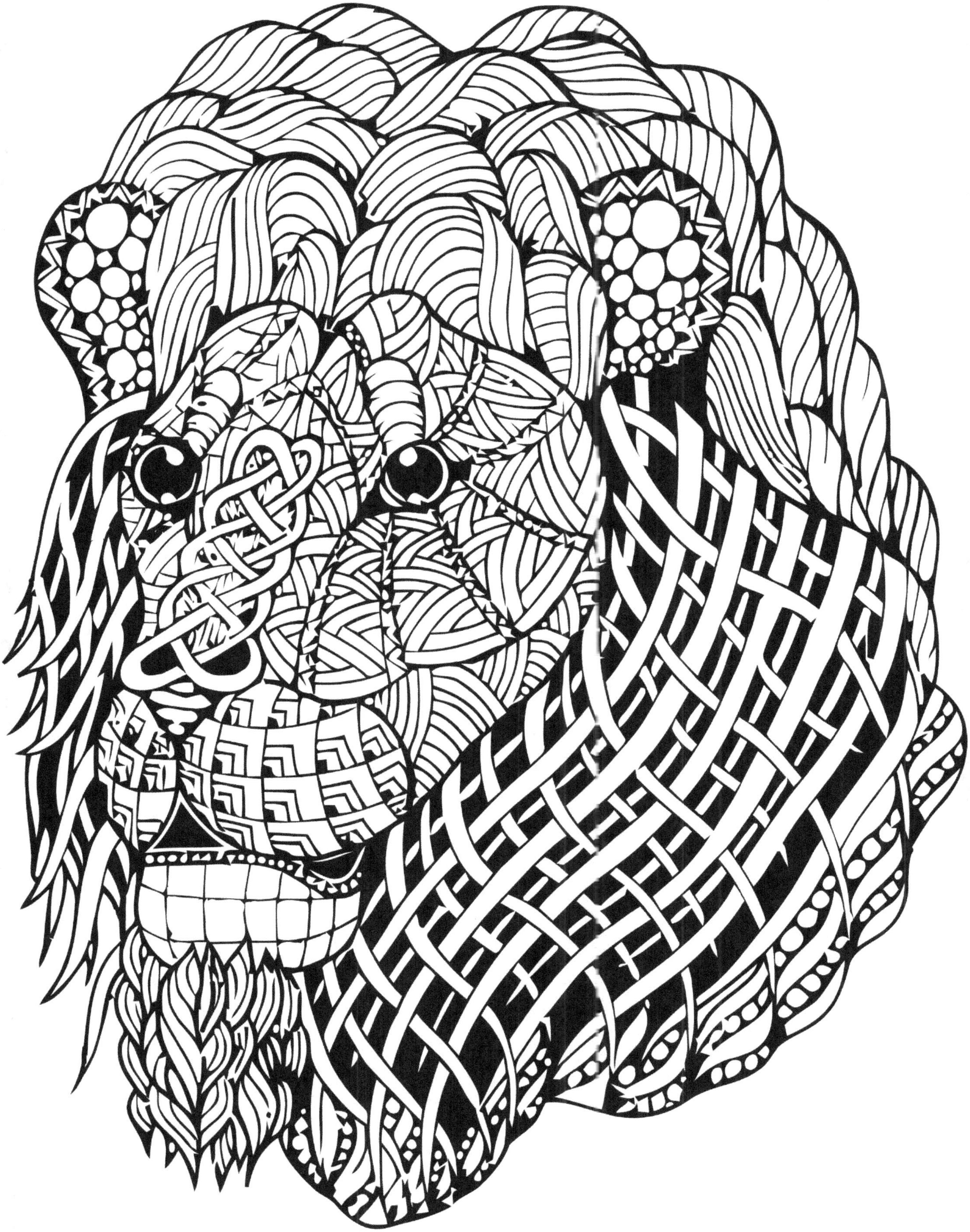

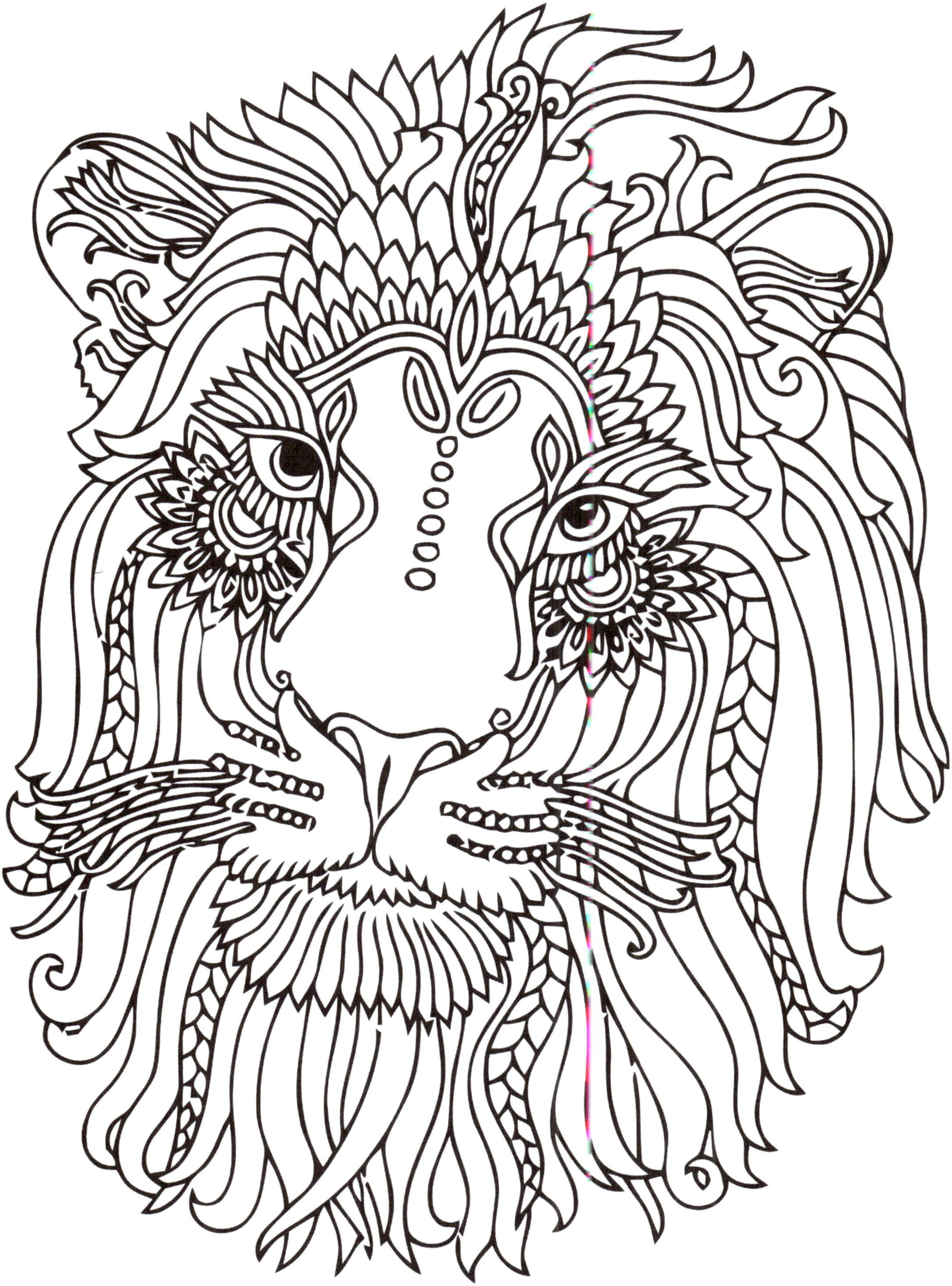

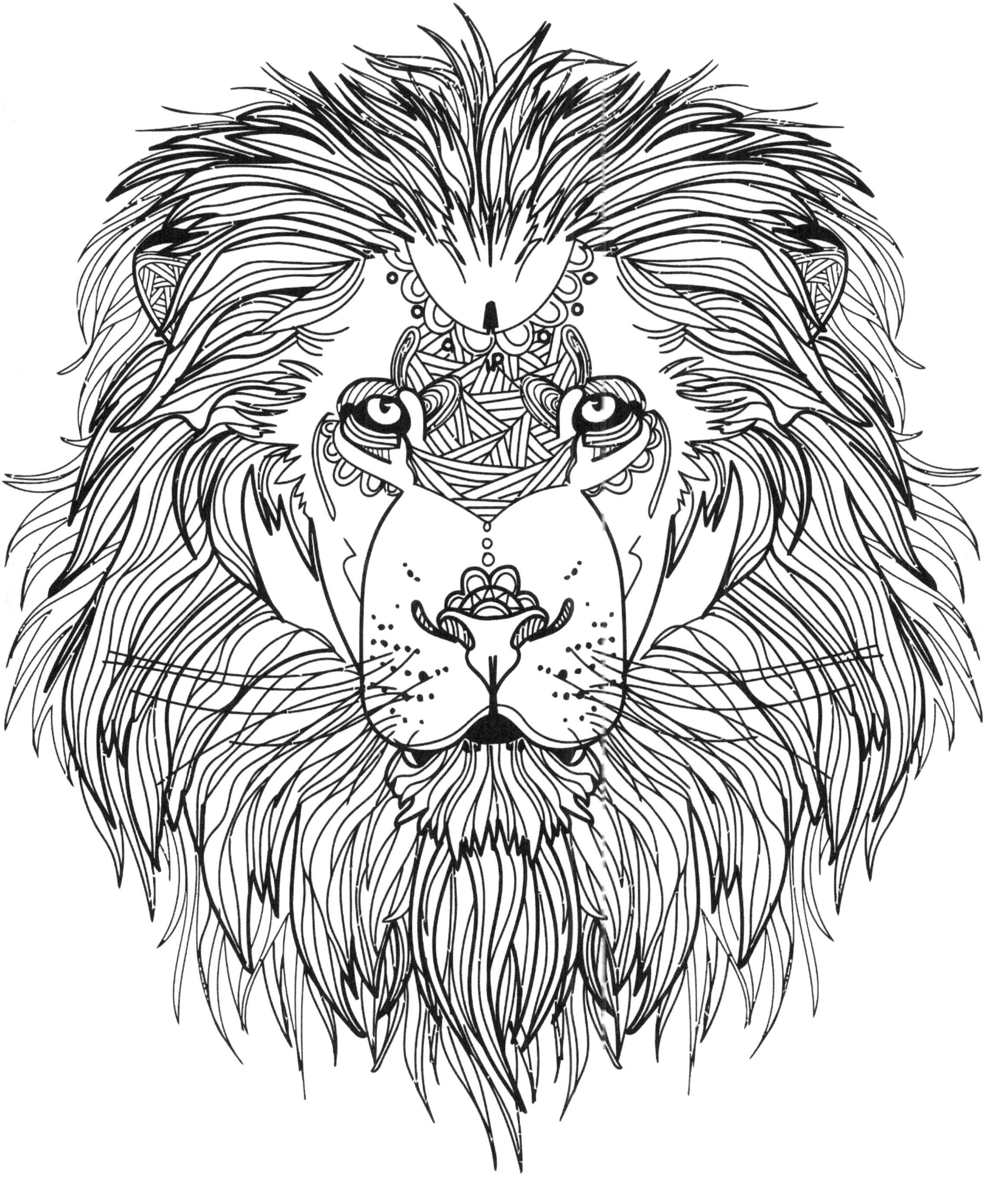

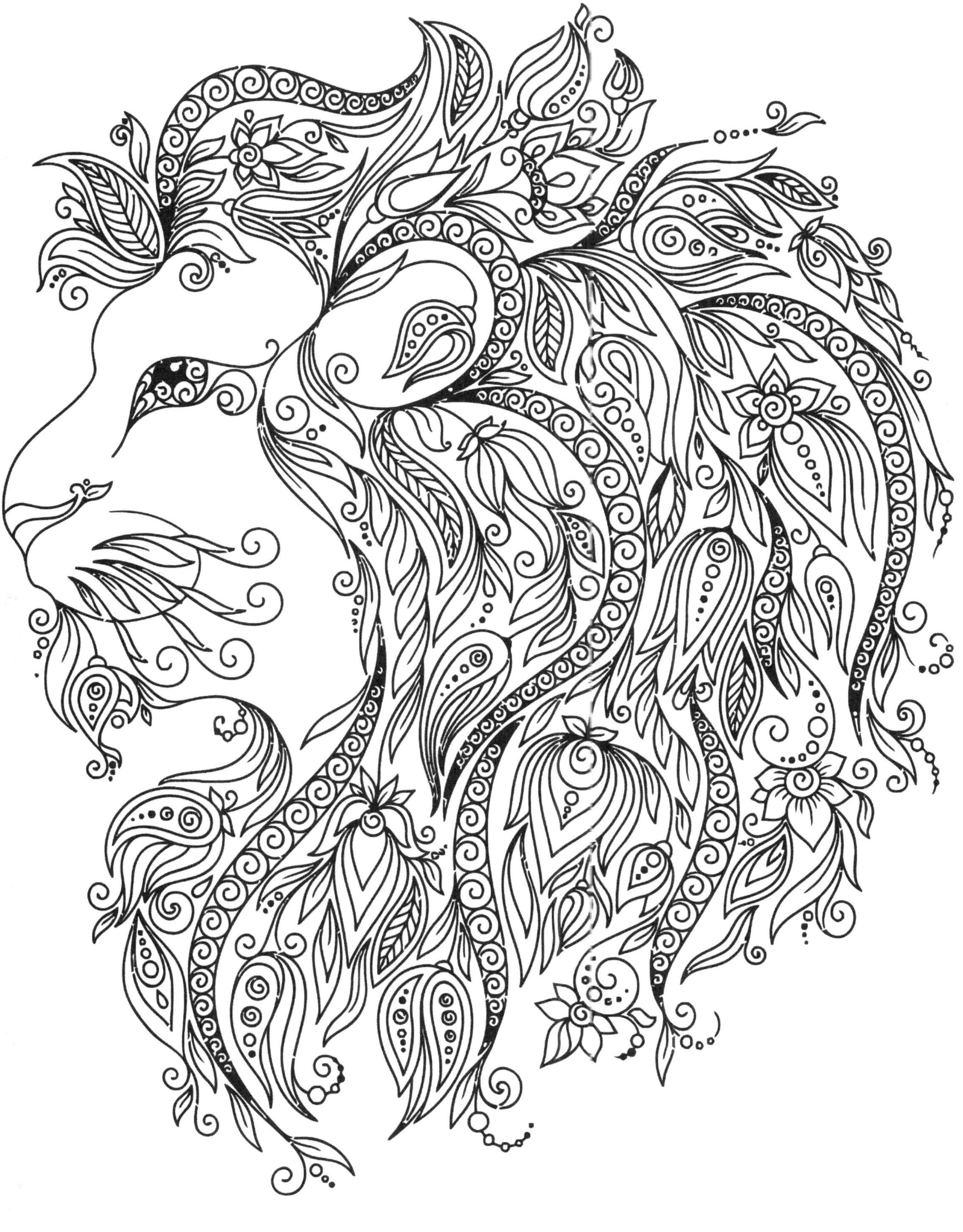

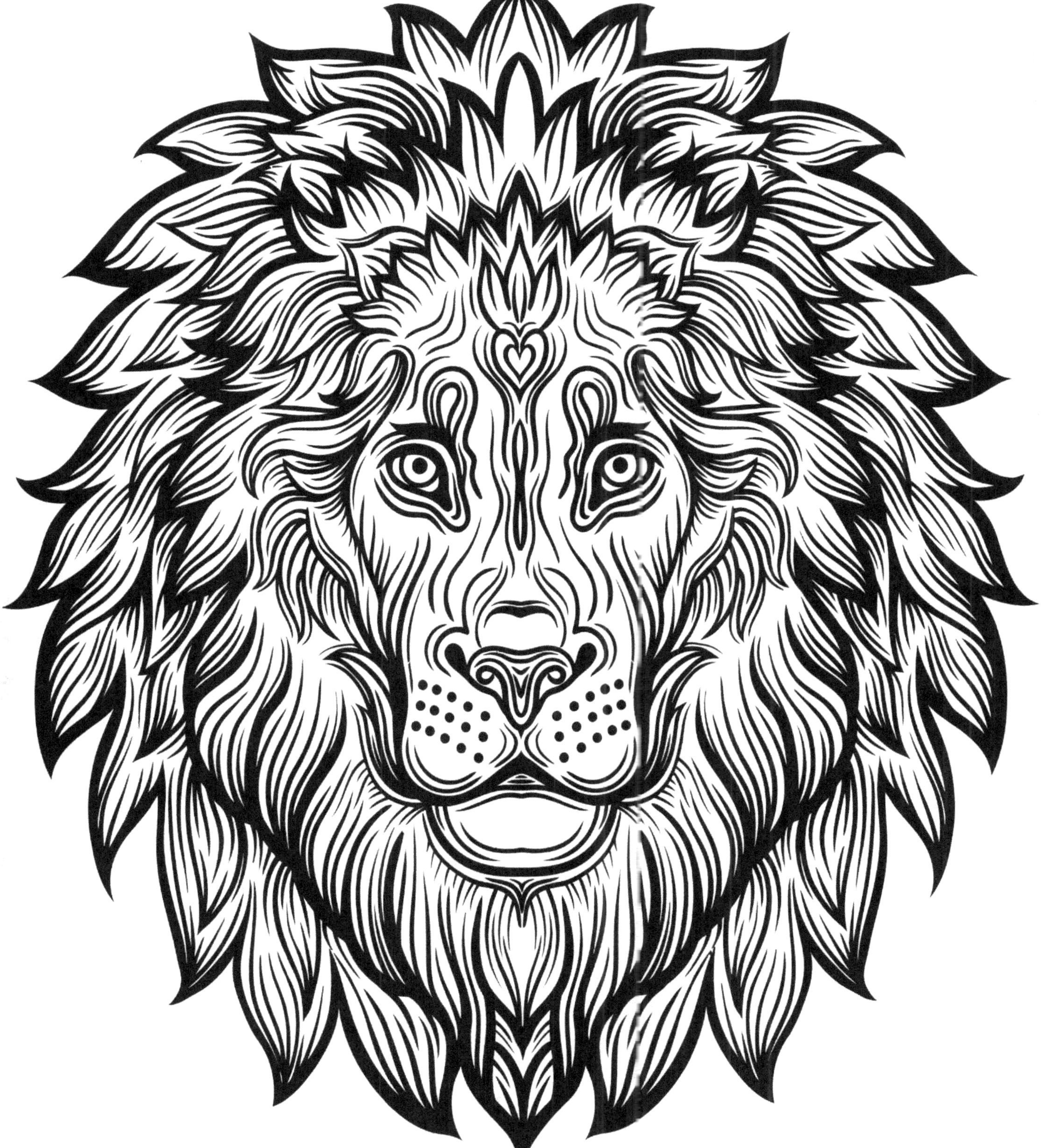

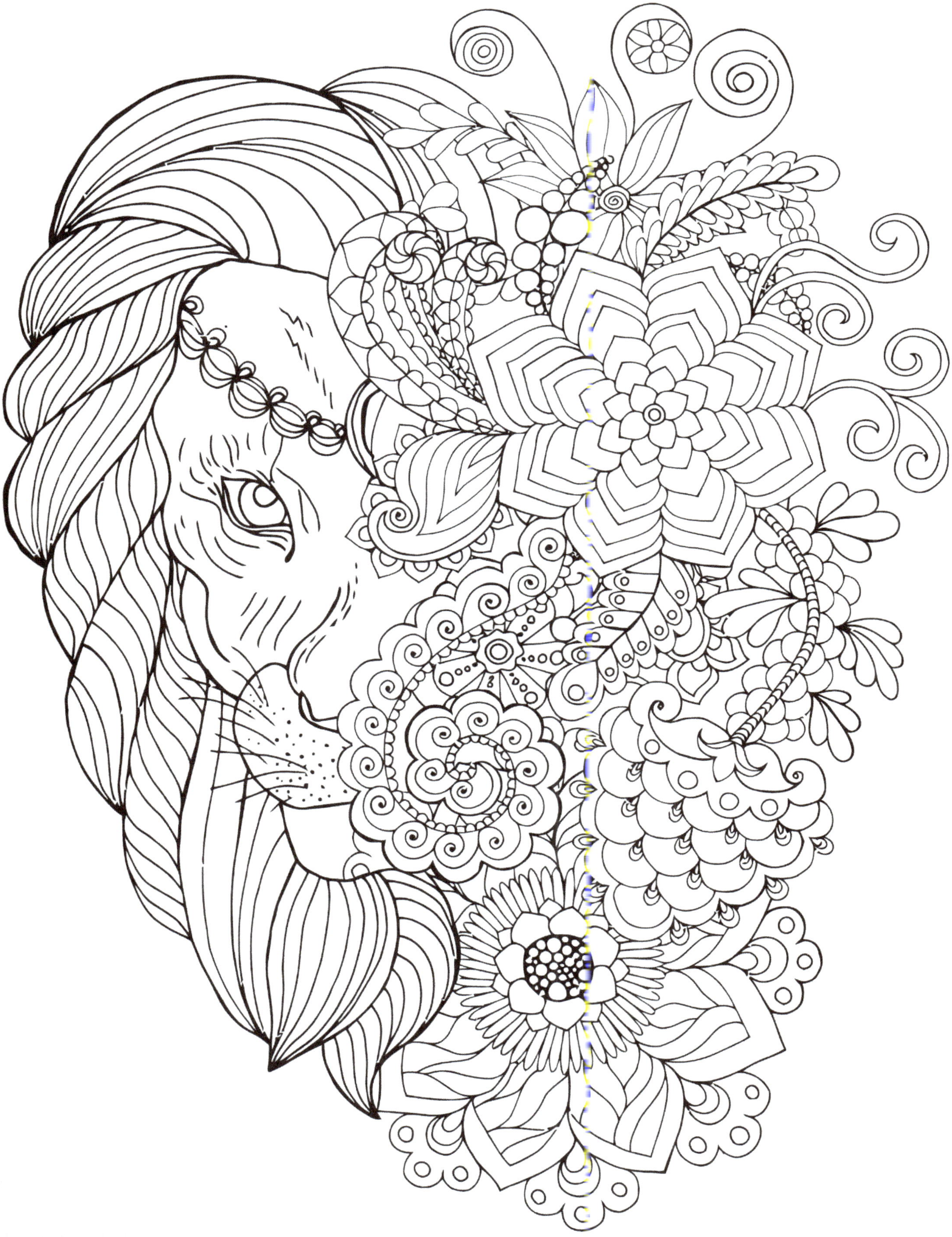

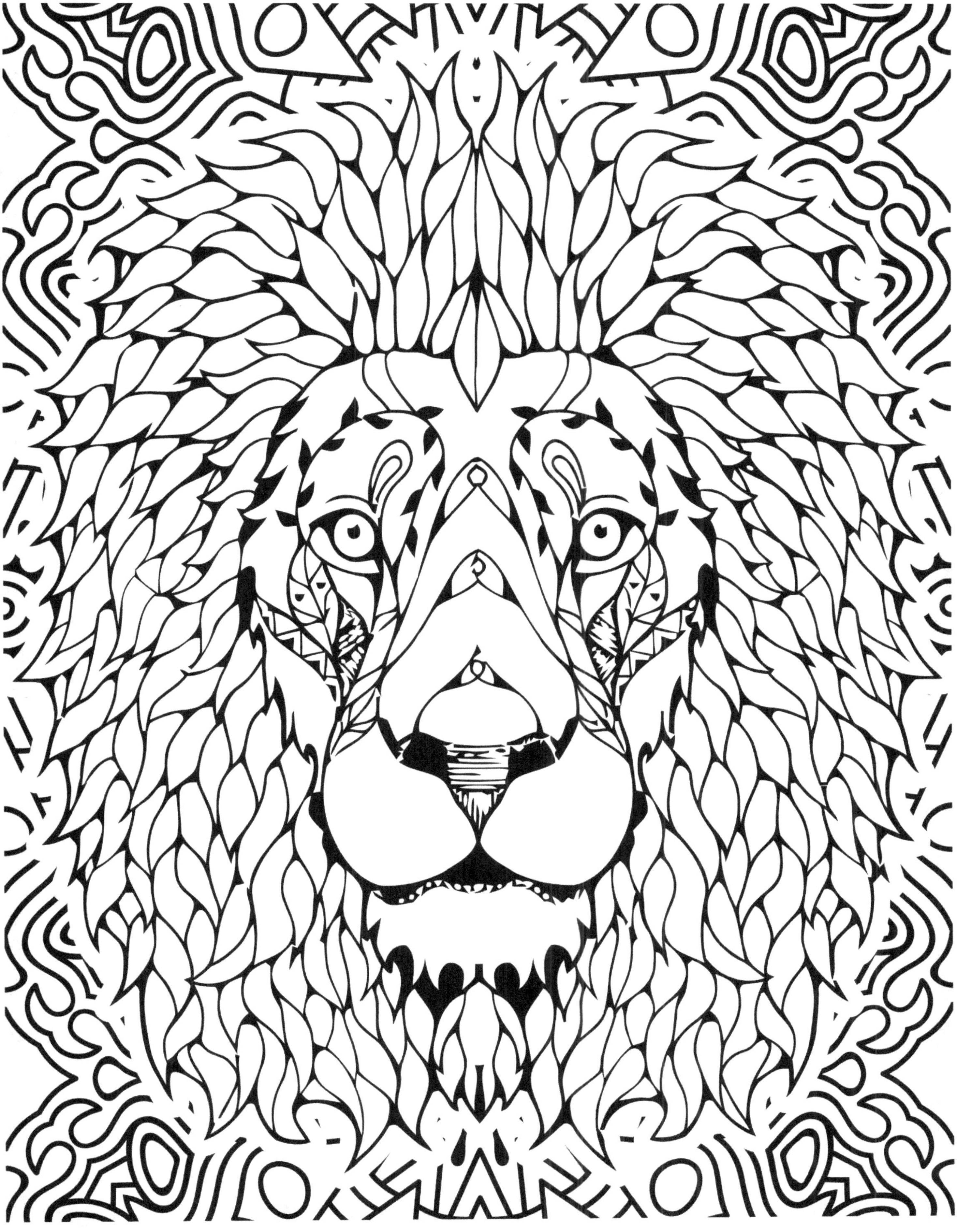

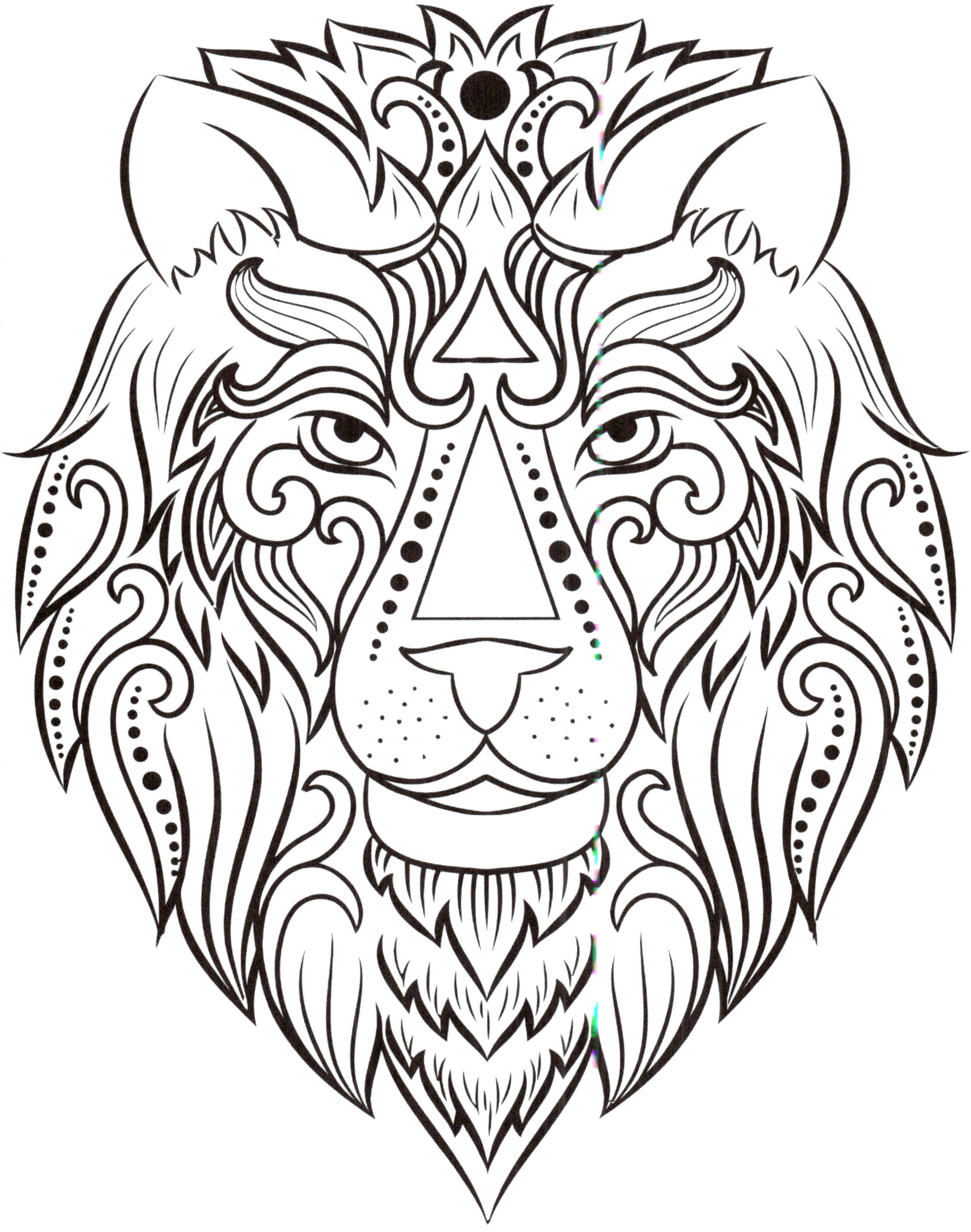

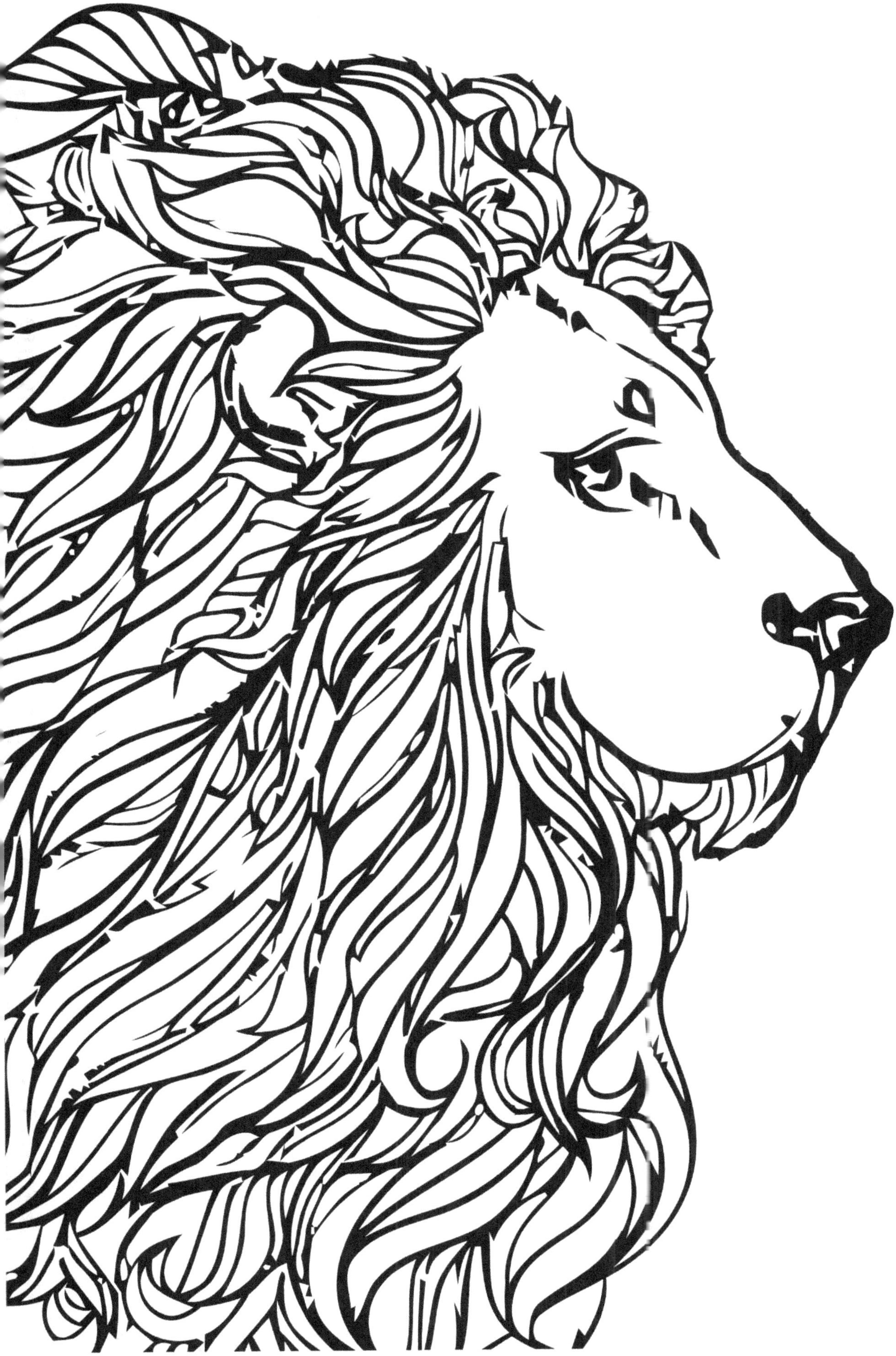

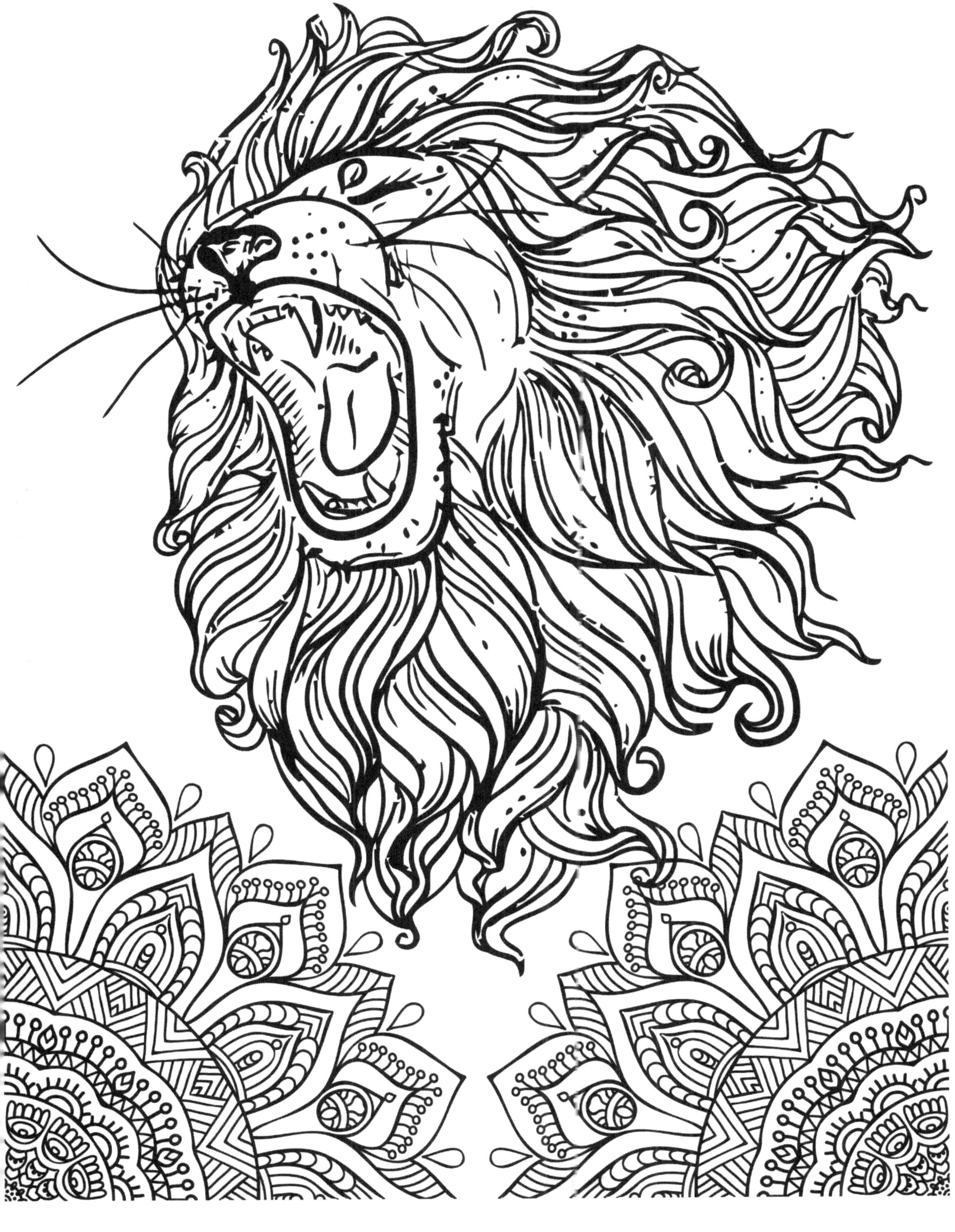

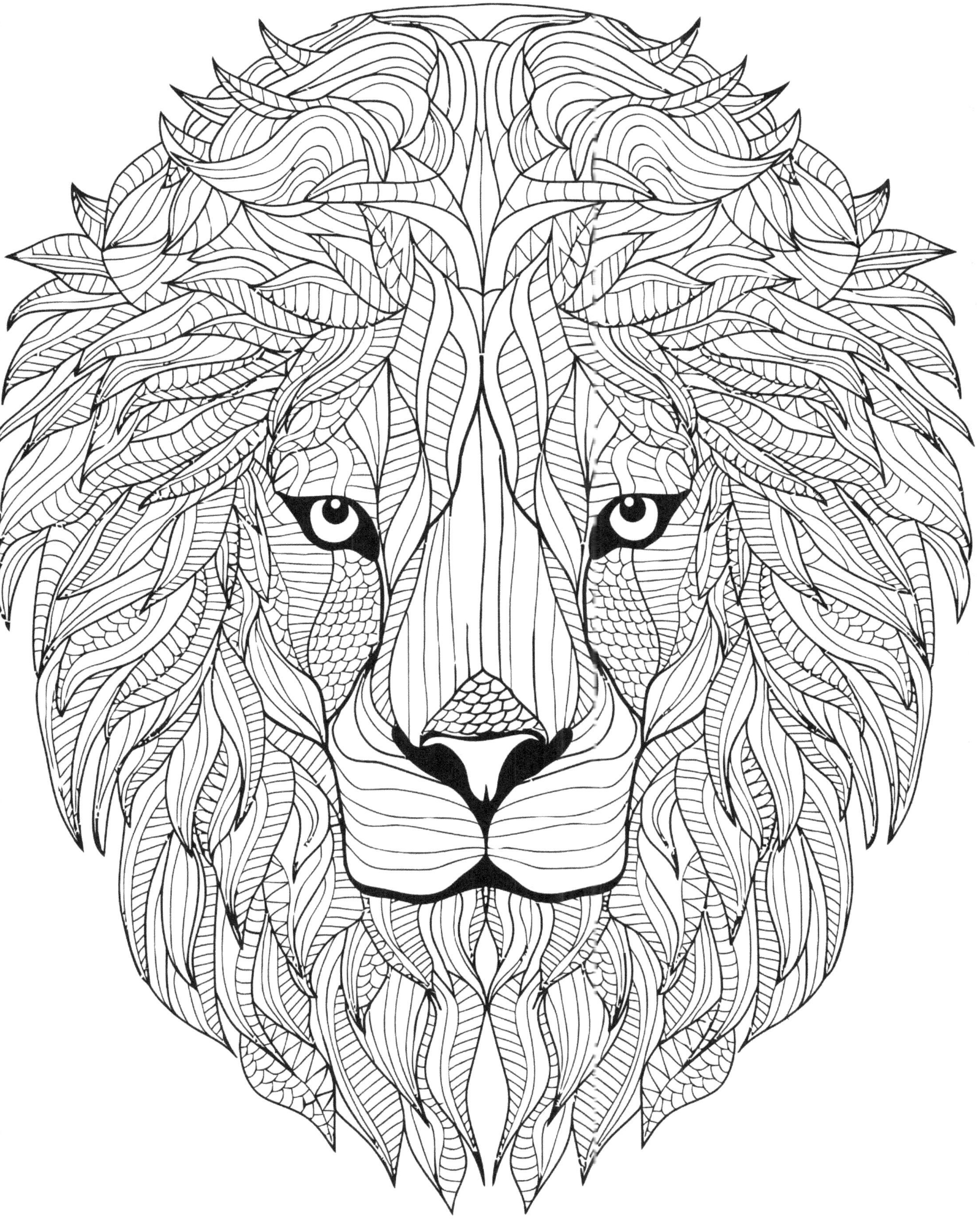

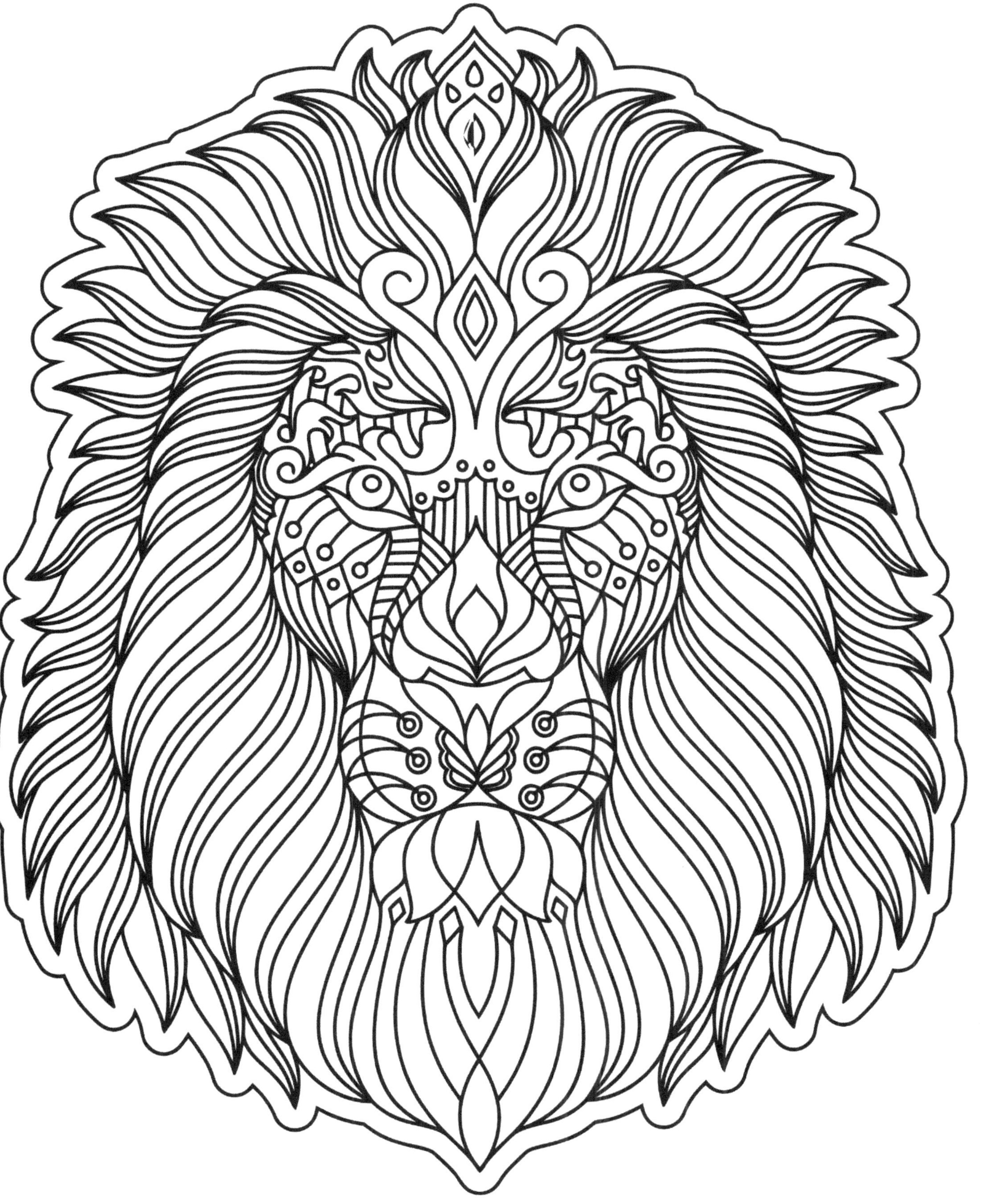

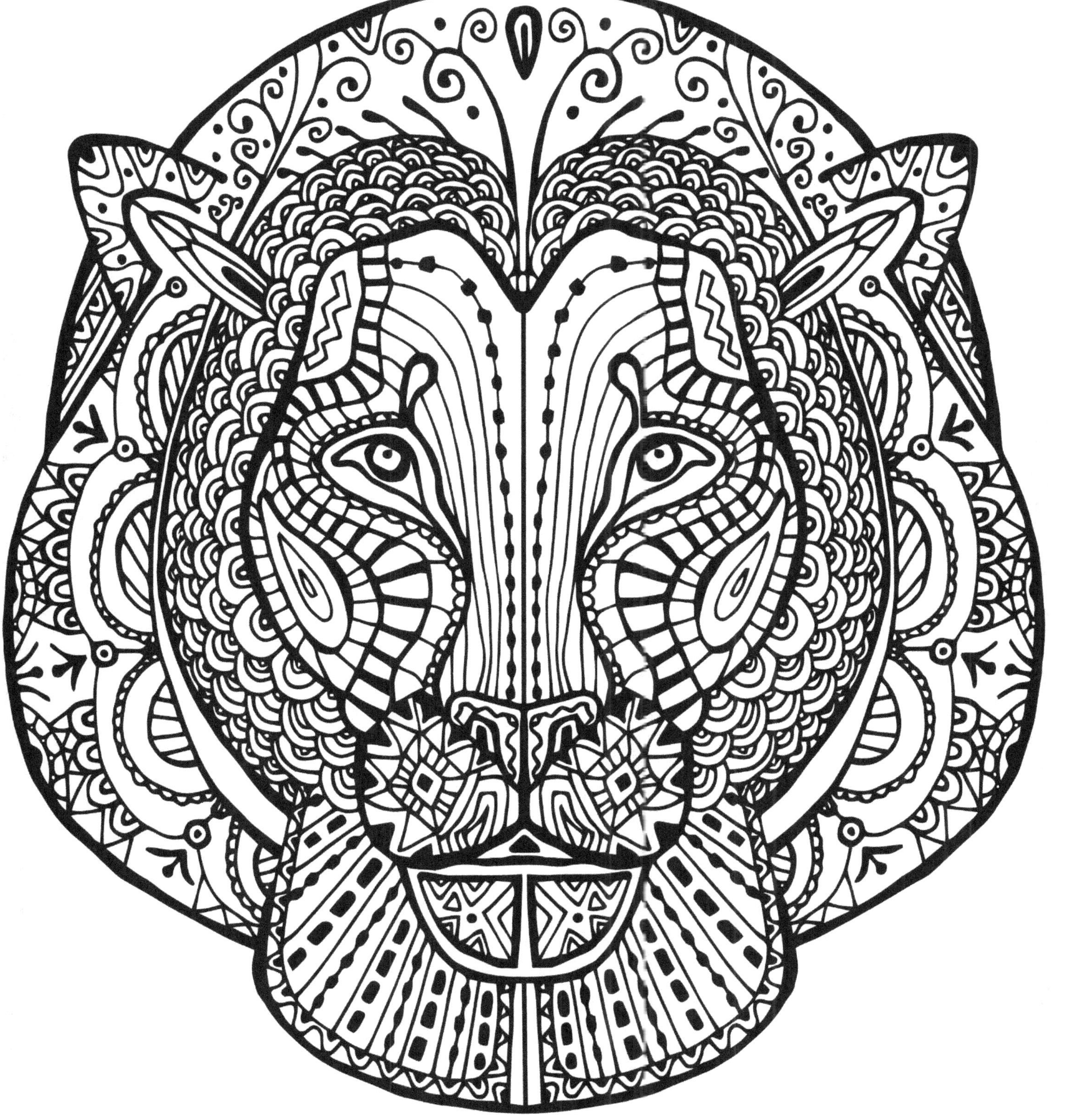

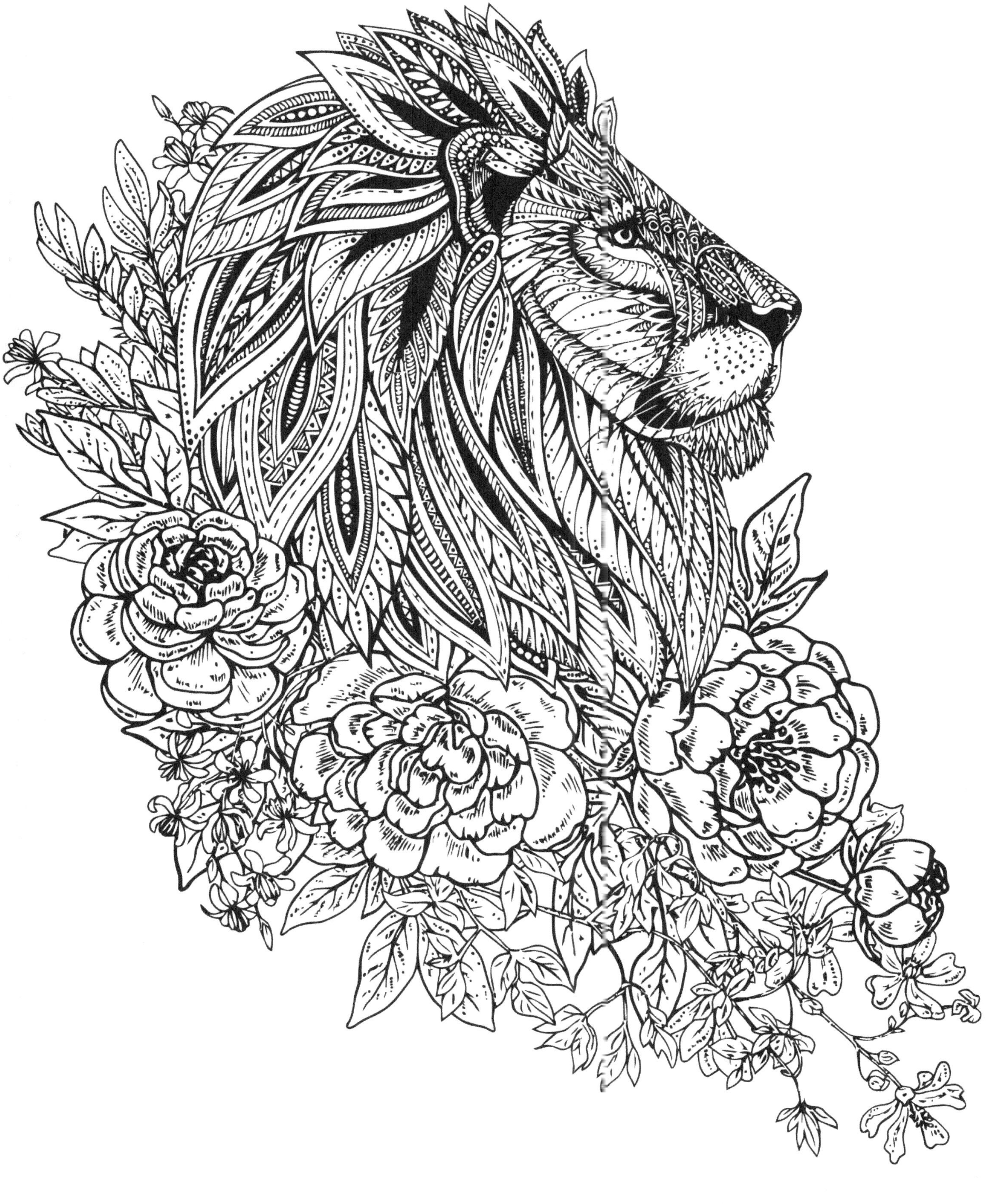

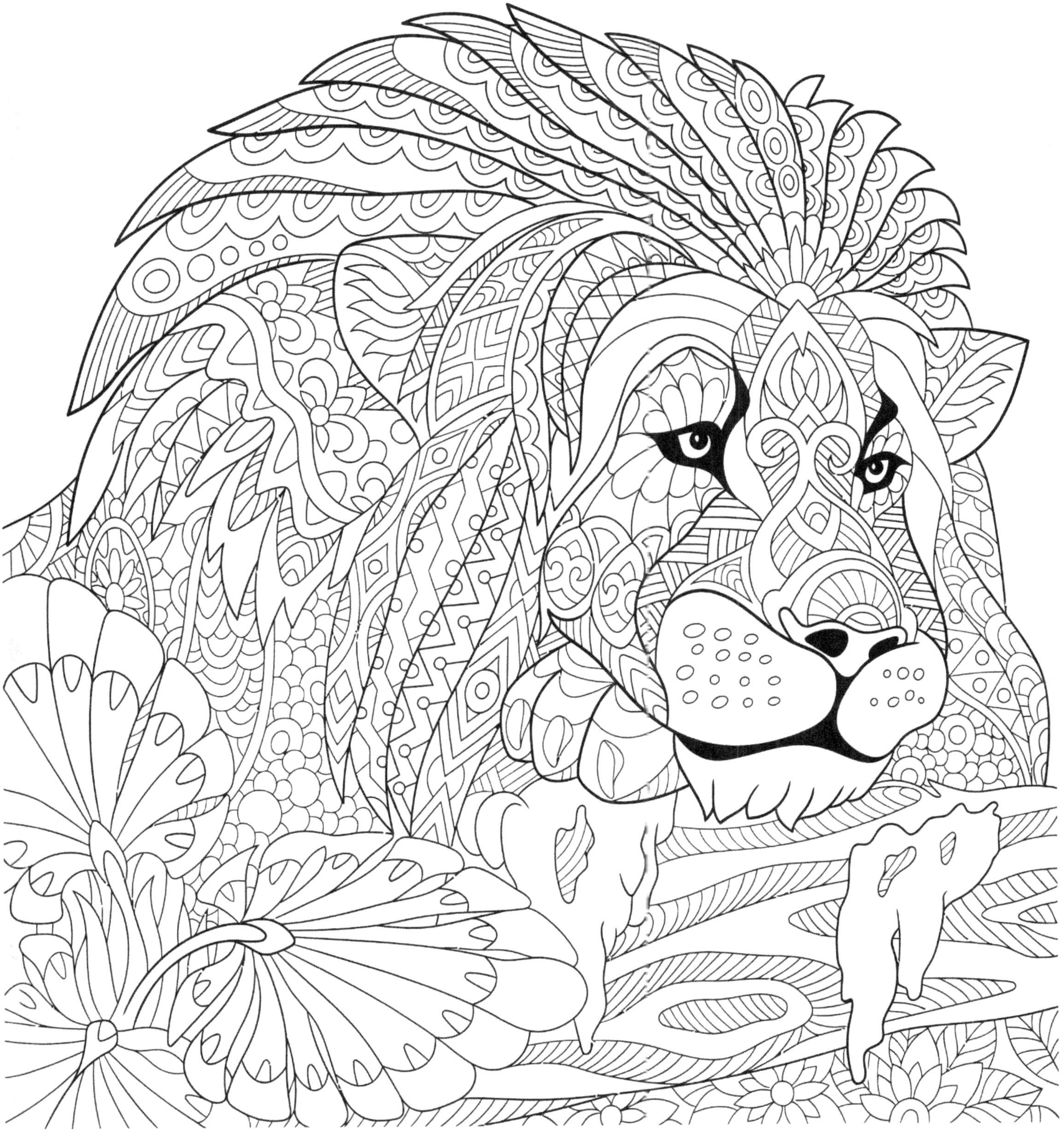

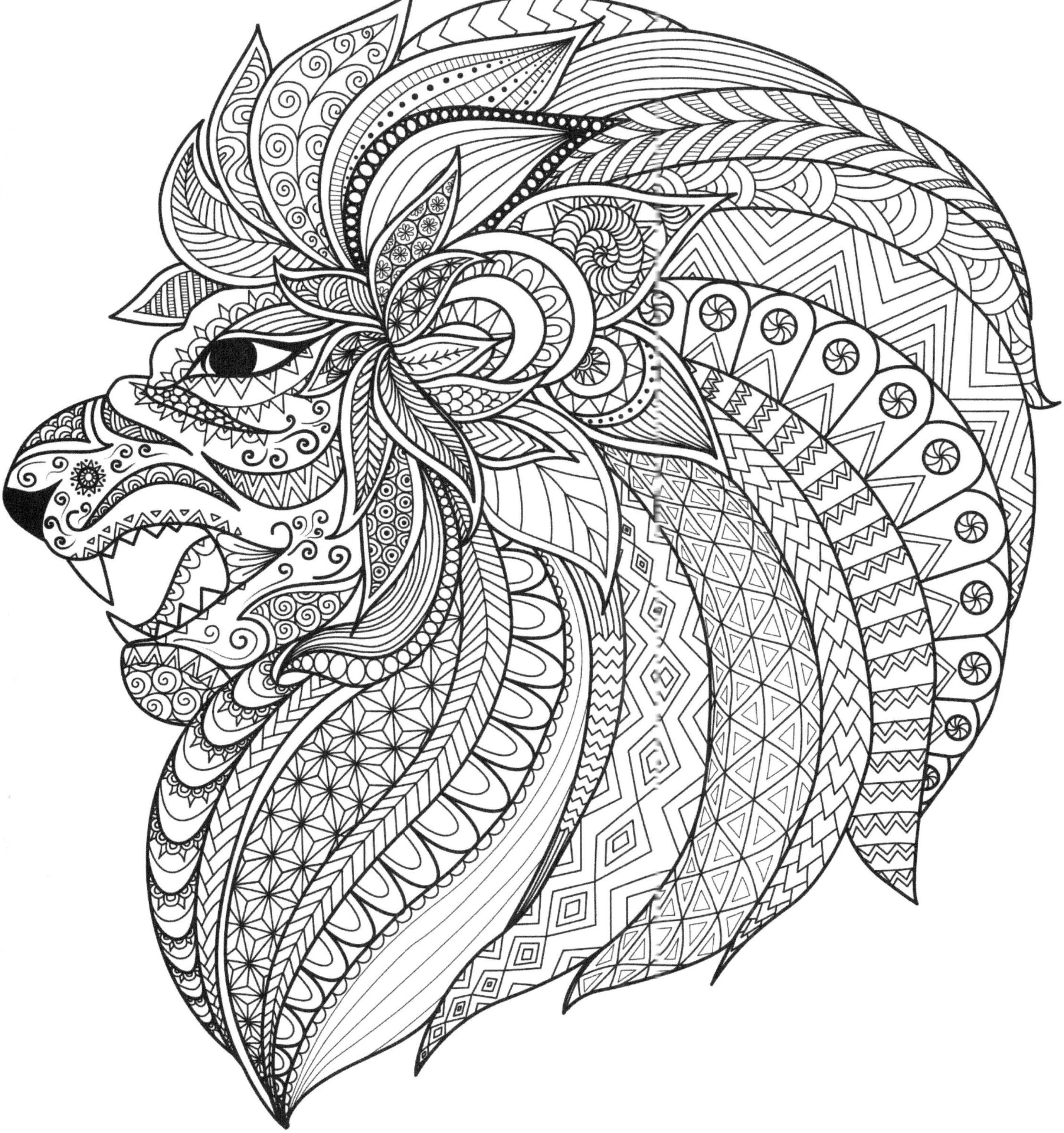

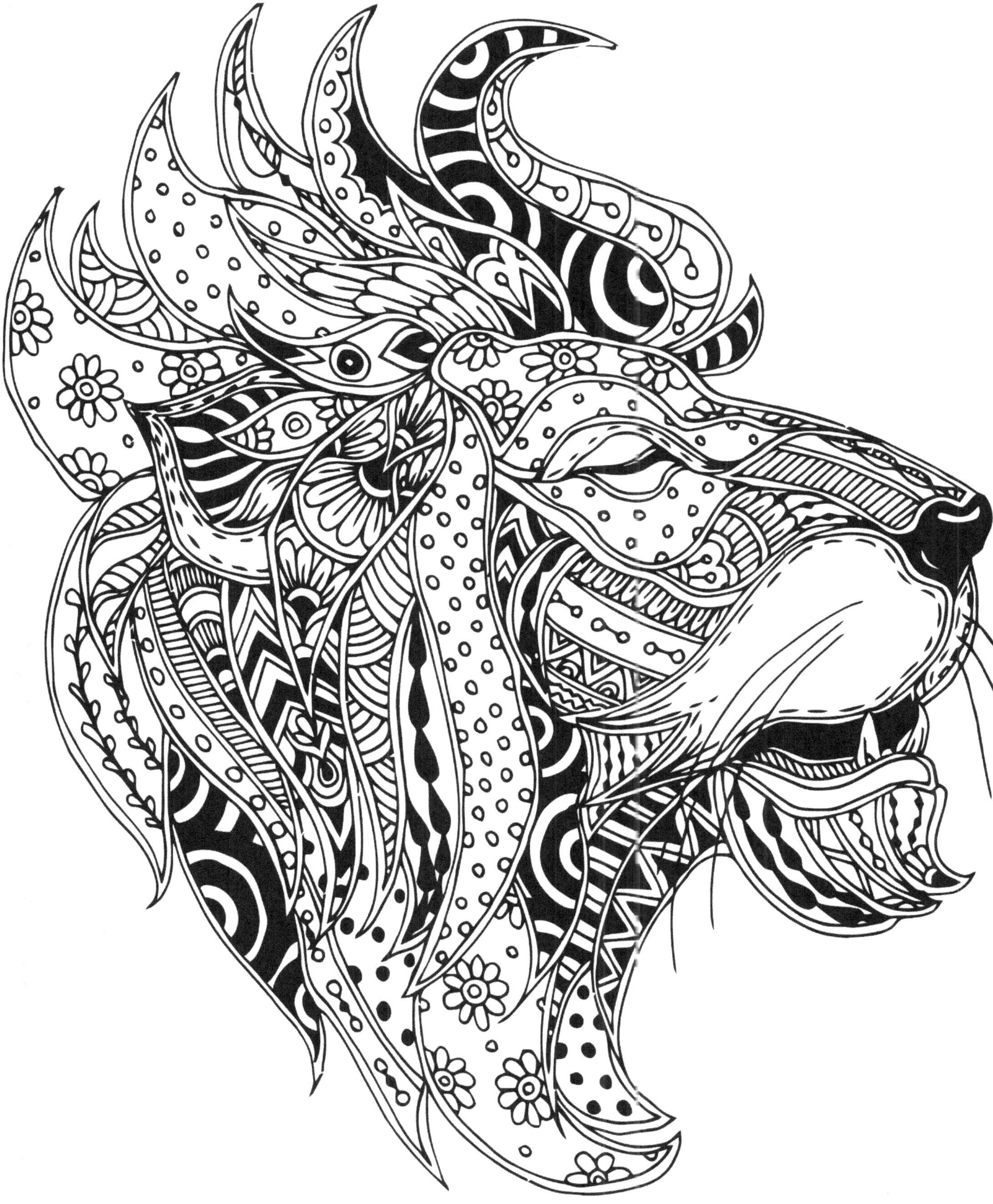

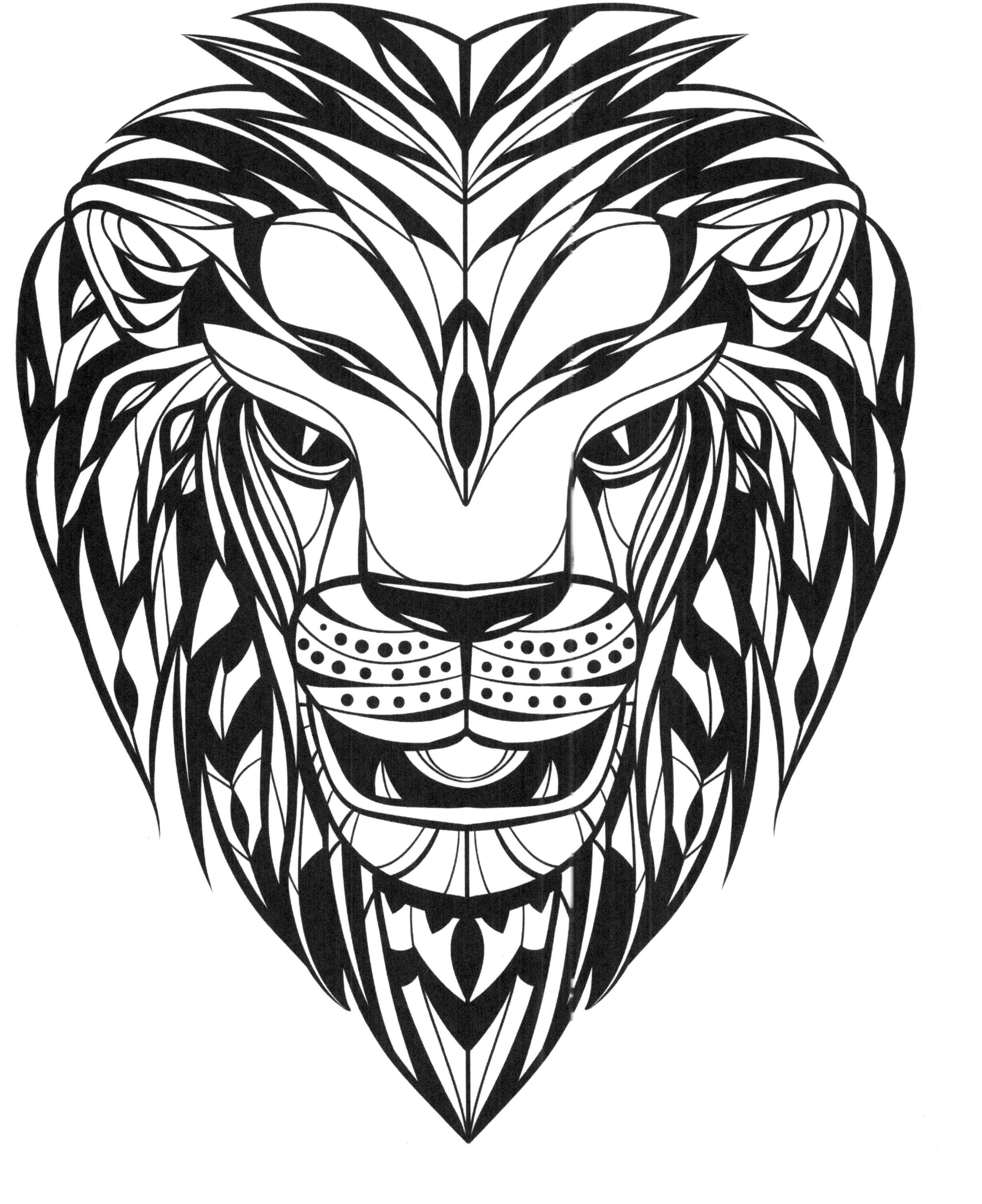

www.ingramcontent.com/pod-product-compliance
Lightning Source LLC
Chambersburg PA
CBHW060440220526
45465CB00008B/3219
* 9 7 9 8 6 7 5 5 9 3 8 6 6 *